반핵인권운동가,

영원한 청년 원폭 피해자 2세 김형률의 삶

김형률

반핵인권운동가,

영원한 청년 원폭 피해자 2세 김형률의 삶

김형률

김옥숙 글 — 정지혜 그림

도토리숲

차 례

"합천으로 가야 해!"

한국에 '합천 원폭 기념관'이 생겼으면 좋겠다.
_ 김형률의 《일기》에서

"합천! 합천으로 가야지. 합천!"

할아버지는 잠꼬대처럼 혼잣말로 중얼거렸습니다.

"뭐라구요? 어디 가신다구요?"

"합천!"

"아이고! 어르신, 그 몸으로 어딜 가신다고 하세요?"

간병사는 어이없다는 표정을 지었지요. 할아버지는 보름 전에 뇌출혈로 쓰러져 뇌 수술을 받았거든요. 혼자 걷지도 못하는 분이 합천에 간다니. 간병사는 말문이 막혔습니다.

할아버지는 해마다 이맘때, 8월이면 합천에 가곤 했습니다. 합천에서는 8월이면 핵무기를 반대하는 비핵평화대회가 열립니다. 그것도 가장 무더운 8월 초순에 말이지요.

경상남도에 있는 합천은 '한국의 히로시마'라고 불리는 곳입니다. 합천과 히로시마. 아무 관계가 없어 보이는데, 왜 하필이면 합천이 한국의 히로시마라 불리게 되었을까요? 그리고 할아버지는 왜 비핵평화대회에 참석하려는 걸까요?

할아버지가 합천에 꼭 가려는 이유가 또 하나 있답니다. 할아버지의 아들이 바로 그곳에 묻혀 있기 때문입니다.

할아버지는 아들이 죽고 나서야 아들이 하고자 했던 일들을 정확히 알게 되었습니다.

아들이 가고 난 뒤 남겨 놓은 자료를 들춰 봤지요. 아버지가 모르는 일을 아들이 정말 많이 했다는 생각이 들어 뼈에 사무쳤습니다. 아픈 몸을 이끌고 어떻게 그 많은 일을 했는지. 혼자서 그 무거운 짐을 짊어지고 얼마나 힘이 들었을지. 할아버지는 아들을 생각하면 지금도 가슴이 찢어집니다.

할아버지는 아들이 비명에 간 뒤, 아들이 쓰던 물건들을 매만지는 일로 소일했지요. 아들의 일기장, 수첩, 책, 노트, 라면 상자에 가득 담긴 자료들, 아들이 쓰던 볼펜, 컴퓨터. 그러는 사이에 아들의 간절한 염원과 생각이 할아버지에게 스며들었습니다. 할아버지는 아들의 못다 이룬 일들이 아버지의 일이란 것을 깨달았지요.

시간이 얼마 남지 않았답니다. 기억이 더 희미해지기 전에 할아버지는 아들 이야기를 하고 싶습니다. 합천이 왜 한국의 히로시마로 불리는지, 왜 아들이 서른다섯 살 그 푸른 나이에 떠날 수밖에 없었는지, 병약한 몸에 왜 그리 무거운 짐을 짊어져야 했는지, 그 간절한 꿈이 무엇이었는지, 더 늦기 전에 말하고 싶습니다.

도대체 이 할아버지는 어떤 분일까요? 무슨 일이 있었기에 아들 이야기를 꼭 하고 싶어 하는 것일까요?

할아버지는 병실 창문 너머, 8월의 하늘을 올려다봅니다.

1945년 광복을 며칠 앞둔 그날, 일본 히로시마에서 이 이야기는 시작됩니다.

히로시마가 고향인 아이, 곡지

저희 어머님은 1940년 히로시마에서 태어나셨는데,
원폭 투하 때인 1945년 여섯 살 나이에 원폭을 맞으셨다고 합니다.
_ 김형률의 〈기자회견문〉에서

1945년 8월 6일 아침 여덟 시.

시끄러운 매미 소리가 폭포수처럼 쏟아졌습니다. 히로시마 시내를 흐르는 일곱 개의 강에 내리쬐는 아침 햇살은 눈부시고 찬란했습니다. 그날 히로시마는 어느 때보다 무더웠습니다.

"나짱! 내려와! 밥 먹어!"

1층에서 언니가 나짱을 불렀습니다.

"나짱! 아침 먹어라!"

엄마 목소리도 뒤따랐지요. 2층에서 까르르거리는 아이들 웃음소리가 들렸습니다. 여섯 살인 나짱은 여동생에게 간지

럼을 태우며 놀고 있었어요. 아침인데도 아이들 얼굴에 땀
이 줄줄 흘러내렸습니다.

갑자기 태양 수십 개가 폭발한 것처럼 무시무시한 섬광
이 온 세상에 가득 찼습니다. 세상을 다 집어삼킬 듯한 빛
의 파도가 덮치고 곧이어 끔찍한 굉음이 들렸습니다. 뜨거
운 폭풍이 거세게 휘몰아치더니 집이 와르르 무너져 내렸습
니다.

나짱은 넘어진 기둥에 부딪쳐 정신을 잃었습니다. 한참 뒤
동생의 자지러지는 울음소리에 겨우 정신을 차렸습니다. 머
리가 깨질 것처럼 아팠습니다. 머리와 얼굴에서 피가 줄줄
흘렀습니다.

"으아아아! 엄마!"

나짱은 무서워서 비명을 질렀습니다. 피투성이가 된 엄마
가 부서진 벽 사이에 끼인 동생을 구해 냈습니다. 다행히 동
생은 크게 다치진 않았지요. 집은 폭격을 맞은 것처럼 아수
라장으로 변해 있었습니다. 집이 무너진 자리에는 흙먼지가
자욱하게 피어올랐습니다.

그런데 언니가 보이지 않았습니다.

"언니! 언니!"

나짱은 언니를 큰 소리로 불렀습니다.

"나…… 짱! 어어어엄…… 마……! 살…… 려…… 줘! 으으……!"

언니의 고통스러운 비명 소리가 무너진 집 더미 속에서 들려왔습니다. 피범벅이 된 언니의 손과 머리카락이 부서진 흙벽 사이로 보였습니다. 엄마는 기둥 밑에 깔린 언니를 구해 내려 안간힘을 썼습니다. 딸의 이름을 부르며 미친 듯이 흙더미를 파헤쳤습니다. 엄마는 혼이 나간 것 같았습니다. 무너진 기둥과 벽을 들어 올리려 했지만, 꿈쩍도 하지 않았습니다.

"나짱! 얼른 사람 좀 불러와!"

엄마가 무섭게 소리 질렀습니다. 나짱은 얼이 빠진 채 길거리로 뛰어나갔습니다. 멀쩡하던 집들이 한순간에 처참하게 부서져 있었습니다.

"물……! 물……!"

여기저기서 물을 달라고 소리치는 사람들, 불타는 건물들, 피투성이가 된 사람들, 살이 녹아 흐물흐물 흘러내리는 사람들, 발버둥 치며 짐승처럼 울부짖는 사람들, 살이 타는 냄새, 불에 탄 시체에 들러붙은 파리들, 끔찍한 비명 소리가 거리를 가득 메웠습니다. 사람들이 귀신보다 더 끔찍해 보였습니다. 상상할 수도 없는 생지옥이 눈앞에 펼쳐져 있었습니다.

통나무같이 시커멓게 타 버린 사람의 몸에서 연기가 피어올랐습니다. 잠시 꿈틀대더니 움직임이 멈췄지요. 나짱은 비명도 나오지 않았습니다. 혼이 나간 채 우두커니 서 있기만 했습니다.

그날 언니는 무너진 집 더미에 깔려 빠져나오지 못했습니다. 결국 무너진 집 더미가 언니의 무덤이 되고 말았지요.

악마의 폭탄이 떨어진 것입니다. 아침을 먹고 어제와 다름없이 하루를 시작하려던 사람들의 머리 위에.

인류 최초의 원자폭탄이 히로시마에 떨어져 한순간에 모든 것이 사라져 버렸습니다. 사흘 뒤 나가사키에도 원자폭탄이 떨어졌습니다. 폭심지(폭탄이 폭발한 중심지)에서 반경 1킬로미터 안에 있던 사람들은 흔적도 없이 녹아 버리고 증발해 버렸습니다.

그해 여름, 히로시마와 나가사키에 투하된 단 두 발의 원자폭탄으로 70여만 명이 희생되었습니다. 인류 역사상 가장 무섭고 가혹한 비극이었습니다.

더욱이 아무 죄 없는 조선인들이 영문도 모른 채 끔찍하게 죽어 갔습니다. 나라를 잃고 강제로 끌려오거나, 먹고살기 위해 어쩔 수 없이 일본으로 건너온 사람들이었지요. 단

지 그곳에 있었다는 것 하나만으로 죽어 갔던 것입니다. 조선인 원자폭탄 피해자 7만 명 가운데 사망자는 4만여 명에 이르렀습니다. 목숨을 겨우 건진 사람들 2만 3000여 명은 고국으로 돌아왔습니다. 끔찍한 화상을 입고 병든 몸으로 귀국선을 타야 했지요. 가족도 잃고 재산도 잃고 원폭 생지옥에서 겨우 빠져나왔습니다.

나짱이라고 불리던 아이는 누구였을까요? 히로시마에서 태어나고 자란 여섯 살 그 아이는 누구였을까요?

아이의 이름은 바로 곡지, 이곡지였습니다.

원폭 지옥에서 살아남은 이곡지는 엄마의 손에 이끌려 부모님의 고향 합천으로 돌아왔습니다. 합천에서도 일본에서처럼 친척들에게 눈칫밥을 먹으며 살아야 했습니다.

"아리가토 고자이마스!(고맙습니다!)"

"조센 카에레!(조선으로 돌아가!)"

일본말이라곤 이 말밖에 생각나지 않았습니다. 하나도 고맙지 않은 일본인들에게 늘 고맙다고 머리를 조아려야 했으니까요. 조선으로 돌아가란 말을 뾰족한 돌멩이처럼 수없이 맞아야 했으니까요.

이곡지는 겉보기엔 멀쩡했습니다. 하지만 원자폭탄 후유

증으로 피부병이 생겨 어릴 적부터 고생했어요. 열여덟 살 때는 생명이 위태로울 정도로 심한 열병을 앓았습니다.

이곡지는 자신이 왜 이유도 없이 자주 아픈지 전혀 알 수가 없었습니다. 오랜 세월이 지나고 나서야 원자폭탄 후유증 때문임을 알게 되었습니다.

이곡지는 큰 병을 이겨 내고 3년 뒤에 어른들이 정해 준 남편감인 김봉대와 결혼을 했습니다. 남편 김봉대는 상냥하고 밝은 아내가 좋았습니다. 눈이 마주치면 수줍게 웃는 모습이 참 해맑고 보기 좋았어요. 이곡지도 남편 김봉대가 그리 싫진 않았습니다. 합천 시골 골짝에서 고등학교까지 나오고, 키도 크고 인물도 훤칠해서인지 몰랐지요.

이곡지는 결혼하고 나서 남편과 함께 곧바로 합천을 떠났습니다. 결혼하기 전부터 남편이 터전을 잡고 있던 부산으로 거처를 옮겨서 살게 되었어요. 아이들이 차례로 태어나고 남편 김봉대는 열심히 일했습니다. 첫째와 둘째는 아들, 셋째는 딸이었지요. 아이들은 탈 없이 건강하게 잘 자랐습니다. 남편은 유난히 아이들을 좋아하고 다정한 아버지였습니다.

"동네 사람들이 내보고 계모라 안 캅니꺼. 당신이 양 무릎에 얼라들을 셋이나 쪼르르 앉히고 밥을 떠먹여 주니 말입니더."

아내 이곡지가 남편에게 웃으며 말했습니다. 아이들이 좋아서 못 견디는 남편을 보고 동네 사람들이 입을 댄다고 했지요. 부부는 집 안에서 큰소리 한 번 내지 않았습니다. 살림살이도 조금씩 나아지고 아이들 웃음소리가 끊이지 않았습니다.

딸이 태어나고 3년 뒤, 이곡지는 쌍둥이 아들 둘을 낳았습니다. 1970년 7월 28일이었어요. 1970년은 바로 청년 노동자 전태일이 고통받는 노동자들을 위해 싸우다 분신한 해였습니다.

"이야! 이번에는 쌍둥이네!"

쌍둥이 아들이 태어나니 남편 김봉대는 춤이라도 출 듯 기뻤지요. 먼저 태어난 아이는 형률, 뒤에 태어난 아이는 명기라고 이름을 지었습니다.

쌍둥이 아들을 낳은 기쁨도 잠시였습니다. 두 아이는 태어날 때부터 몸이 너무나 약해 늘 병원을 들락거려야 했으니까요. 부부는 아이들이 감기에라도 걸리면 심장이 덜컥 내려앉았습니다. 쥐면 부서질까, 불면 날아갈까 늘 불안했습니다. 쌍둥이들을 키우는 일은 외줄 타기만큼 늘 위태로웠지요.

명기는 형률이보다 몸이 더 약해 항상 가슴을 졸이게 했습니다. 결국 명기는 폐렴을 심하게 앓다 하늘나라로 떠나버렸습니다. 태어난 지 겨우 1년 6개월 만에.

　한날한시에 같이 태어난 쌍둥이 동생이 죽은 줄도 모르는 형률. 형률은 핵의 아이였습니다. 이 어린 핵의 아이는 어머니 품에 안긴 채 까맣고 커다란 눈을 반짝이며 앞을 바라보았습니다. 세상 모든 것이 신기한 듯 뚫어지게 쳐다보고 있었지요. 자신의 앞날에 어떤 일들이 펼쳐질지 모르는 핵의 아이는 세상을 향해 방긋 웃음을 지었습니다.

무서운 예방주사

〈핵의 아이들〉을 읽다.
나의 지나온 삶들이 하나하나 떠오른다…….
_ 김형률의 《일기》에서

"으아악!"

교실에 간호사가 들어오자 아이들이 비명을 질렀습니다. 형률은 가슴이 콩닥콩닥했습니다. 예방주사만 맞으면 이상하게 몸이 심하게 아팠으니까요.

아이들이 줄을 서서 기다렸습니다. 먼저 주사를 맞고 난 아이들은 히죽히죽 웃기도 했습니다. 울음을 터뜨리는 아이, 아프다고 소리를 지르는 아이도 있었지요.

형률은 반에서 가장 몸집이 작고 약했습니다. 차례가 다가오자 형률은 도망가고 싶었습니다. 형률은 겁쟁이라 놀림당하기 싫어 꾹 참고 주사를 맞았어요.

"보기보다 씩씩하네!"

약골인데도 아프다는 내색을 전혀 하지 않았다고 간호사는 형률을 칭찬했습니다. 형률은 그 칭찬이 하나도 좋지 않았습니다.

예방주사를 맞고 난 다음 날이었어요. 형률은 몸에 열이 심하게 올랐습니다. 온몸이 덜덜 떨리고 아파서 학교에 갈 수가 없었지요. 형률은 끙끙 앓으며 꼼짝 못 하고 누워 있어야 했습니다.

형률은 감기가 심해 한 달 동안이나 학교에 가지 못했습니다. 학교에 못 가니 답답하고 억울했습니다. 누나도 같이 예방주사를 맞았는데 전혀 아프지 않았기 때문입니다.

"누나, 누나는 왜 안 아파?"

"뭐?"

"누나도 나랑 같이 예방주사 맞았잖아? 근데 누나는 왜 안 아파?"

"그야 모르지. 다른 애들도 다 괜찮으니까."

"그럼 나만 아픈 거네."

형률은 땅이 꺼져라 한숨을 쉬었습니다.

"쪼끄만 게 한숨을 왜 쉬어. 너무 걱정하지 마. 금방 나을 거야."

형률은 더럭 겁이 났습니다. 누나도 다른 아이들도 멀쩡한데 왜 자기만 아픈지 무서웠습니다.

'내가 이상한 사람인 걸까? 보통 사람들과 다른 걸까? 왜 나만 이럴까?'

아무리 생각을 해 보아도 도무지 그 답을 알 수가 없었습니다.

"우리 막둥이, 우리 똥강아지, 좀 괜찮나?"

아버지 김봉대는 아들 중에서 형률이 막내라고 막둥이라고, 똥강아지라고 불렀어요. 아버지의 따뜻한 목소리에 형률은 눈물이 핑 돌았습니다. 입술을 깨물며 터져 나오려는 울음을 꾹 참았답니다.

"아버지, 왜 저만 이렇게 아파요?"

"형률아, 사람들 얼굴이나 키가 다 다르제? 똑같은 사람들이 있더나?"

형률은 고개를 저었습니다.

"다 그런 기다. 나무도 풀도 다 다른 기다. 어떤 나무는 바위 위에서도 자라고 어떤 풀은 시멘트나 아스팔트 틈새에서도 자란다. 그래도 씩씩하게 자란다 아이가? 절대로 울지 않고 말이다."

형률은 아버지의 말씀을 귀담아들었지요. 아버지는 형률

이 시멘트 바닥 틈 사이에서 자라고 있는 한 포기 풀처럼 애처롭게 보였습니다.

학교에서는 해마다 예방주사를 맞아야 했어요. 형률은 예방주사를 맞을 때마다 몸이 나빠지자 큰 병이 날까 봐 학부모 동의서를 제출하고 예방주사를 맞지 않았습니다.

형률은 운동장에서 친구들이 공놀이하는 모습을 부러운 듯 쳐다보기만 했습니다. 맘껏 뛰어놀 수만 있다면 소원이 없겠다 싶었습니다. 마치 손발이 잘려 나간 채 기둥에 꽁꽁 묶여 있는 것 같았지요.

형률은 마음을 나눌 만한 친구도 제대로 사귈 수 없었습니다. 몸이 아파 같이 뛰어놀지도 못하고 학기마다 한 달 이상 결석하곤 했으니까요.

밤새 형률의 괴로운 기침 소리가 이어졌습니다. 형률의 등을 두드리는 아버지의 얼굴에 안타까움이 가득했습니다.

"얼마나 힘들겠노? 형률아, 마이 힘들제?"

"쿨룩! 쿨룩!"

감기가 점점 심해지더니 기침이 멈추지 않았습니다. 아버지 역시 잠 한숨 못 자고 형률을 간호했습니다. 수건에 물을 적셔 땀을 닦아 주고 등을 두드려 주었지요.

중학교에 입학한 기쁨도 잠시였습니다. 입학한 지 얼마 지나지 않아 형률은 급성 폐렴에 걸려 병원에 입원하게 되었습니다. 그 뒤로는 늘 입원과 퇴원을 반복하는 날이 이어졌어요. 아버지와 어머니는 병원비를 마련하느라 하루도 마음 편한 날이 없었습니다.

어느 날 어머니가 목소리를 낮추고는 걱정스럽게 말을 꺼냈습니다. 어머니는 형률이 잠이 든 줄로만 알고 있었지요.

"형률이 병원비 때문에…… 참말로 걱정입니더. 돈 구하러 다니는 것도 하루 이틀이지. 후유!"

어머니는 땅이 꺼져라, 한숨을 깊이 내쉬었습니다. 아버지는 형률이 깰까 봐 목소리를 낮추었습니다.

"형률이 들을라. 하늘이 무너져도 뭔 수가 안 생기겠나?"

부모님 대화에 형률은 조용히 자는 척하고 있었습니다.

"이제 더 이상 돈 이야기를 할 사람도 없고……."

"형률이 앞에서 절대로 돈 걱정 내비치마 안 된다. 저 몸도 약하고 마음도 여린 아가 병원비까지 신경 쓰느라 밥도 못 묵으마 우짜겠노?"

"알겠심더."

어머니는 걱정 가득한 얼굴로 한숨만 내쉬었습니다.

"내가 우째 한번 알아볼 테니까 너무 걱정하지 마라."

형률은 뒤척이는 척하며 옆으로 돌아누웠습니다. 눈가에

눈물이 얼핏 비쳤지요. 아들이 자는 척하면서 다 들은 것만 같아 아버지는 가슴이 미어졌습니다.

형률의 병원비 때문에 집안 사정은 날로 어려워졌습니다. 형률이 어렸을 때만 해도 형편이 그리 나쁘지 않았습니다. 넉넉하진 않았지만, 아버지는 형률이 원하는 것은 뭐든지 다 해 주려고 했습니다. 자식들 중에서 유치원에 간 아이는 형률이뿐이었습니다. 체력을 키우고 단체 활동도 해 보라고 보이스카우트까지 시켜 주었습니다.

일찍 죽은 쌍둥이 명기 때문이었지요. 둘 다 몸이 약했는데 명기는 폐렴으로 1년 6개월 만에 세상을 떠나고 말았습니다. 아버지는 늘 마음을 졸였습니다. 혹시 몸이 약한 형률이도 잘못되는 건 아닌지. 한밤중에도 뜬눈으로 지새우며 대여섯 번씩 땀을 닦아 주고 밭은기침을 하면 등을 두드리며 다독여 주었습니다. 아버지에게 형률이는 가장 아픈 손가락이었습니다. 건강한 자식보다는 아픈 자식이 더 눈에 밟히는 법이니까요.

아버지가 아픈 아들을 돌보는 동안 어머니는 병원비를 마련하려고 수정시장 노점에 앉아 온종일 장사를 했습니다. 아버지 역시 친척들이나 친구들에게 자주 아쉬운 소리를 해야 했지요.

잠이 든 형률이 머리맡에 일기장으로 쓰는 수첩이 놓여 있었습니다. 아버지는 무심코 수첩을 집어 들고 펼쳐 보았습니다.

"난 왜 태어났을까? 내가 없었다면, 차라리 안 태어났다면 부모님도 덜 힘들었을 텐데……. 난 아무 쓸모없는 인간이야."

아버지는 심장이 뜯겨 나가는 것만 같았습니다. 몸이 아픈 것만으로도 힘들 텐데 식구들 걱정, 돈 걱정까지 해야 하다니. 이 아이를 어쩌나 싶었지요.

형률의 이불과 베개가 눈물에 푹 젖어 있었습니다.

반짝반짝 빛나던 야학 시절

'인간답게 살고 싶다'라는 작은 소망을 꼭 지키고 싶다.
그래서 보통 사람들이 가지는 꿈을 이루고 싶다.

_ 김형률의 《일기》에서

형률의 얼굴은 하얗게 질렸습니다.

"아! 퇴학! 퇴학이라니!"

퇴학통지서를 쥔 손이 떨렸습니다. 천 길 낭떠러지 아래로 추락하는 것처럼 아뜩했습니다. 공부만이 아픈 자신과 세상을 이어 줄 유일한 다리라고 믿고 있었으니까요.

고등학교에 입학하고 얼마 안 돼 형률은 또 폐렴에 걸려 고생을 했습니다. 폐렴 때문에 학교는 가는 둥 마는 둥 하며 늘 병원을 들락거렸지요. 학교에 가는 날보다 병원에 입원하거나 집에 있는 날이 더 많았습니다. 장기 결석이 반복되자 결국 출석 일수를 채우지 못해 자동 퇴학이 되고 말았어요.

고등학교 2학년 때였습니다.

"아버지, 전 괜찮아요. 퇴학은 예상했던 일이에요."

형률은 아무렇지 않은 듯 애써 웃음을 지어 보였습니다. 덤덤한 표정이었지만 눈물이 글썽거렸습니다. 아버지는 가슴이 미어졌어요. 아들의 야윈 등만 말없이 쓰다듬어 줄 뿐이었습니다. 어머니는 뒤돌아서서 눈물을 찍어 냈어요.

다른 일도 아니고 몸이 아파 퇴학을 해야 한다니! 형률은 억울했습니다. 체육 빼고는 모든 공부가 다 좋았고 성적도 괜찮은 편이었습니다. 마치 무인도에 혼자 남겨진 것 같았어요. 학교 생각이 머리에서 떠나지 않았습니다. 다들 학교에서 공부하고 있을 시간에 방에 누워 있어야 했으니까요.

공부하려는 열망을 끝까지 포기하지 않고 있었던 덕분일까요. 한 줄기 빛이 찾아왔습니다. 아는 분이 야학이 있다는 반가운 소식을 알려 준 것입니다.

1989년도 초겨울부터 형률은 '새마음 야학'에 다니기 시작했습니다. 형률이 사는 수정아파트에서 버스로 30분 떨어진 경성대학교 안에 있는 야학이었어요.

형률은 캄캄한 어둠 속에 갇혀 있다, 밝은 세상으로 나온 것 같았습니다. 일기장에는 "내일도 열심히"라는 말을 빠짐없이 썼습니다. "나는 꿋꿋이 노력하여 살아남을 것이다"라고 꾹꾹 눌러썼습니다. 공부도 열심히 하고 모임에도 부지런히 참여했습니다. 글쓰기에 관심이 있어서 시를 쓰기도 했지요.

형률은 야학에 나가면서부터 체력을 기르기 위해 애썼습니다. 몸은 약했지만 등산을 좋아했습니다. 형률은 수정아파트 뒤편 수정산을 천천히 오르며 거미줄에 맺힌 이슬방울, 바람에 살랑이는 풀과 나무들, 나비와 잠자리가 날아다니는 모습을 홀린 듯 바라보았습니다. 새소리, 풀벌레 소리에 귀를 기울이고 있으면 자연의 부드러운 손길이 마음을 어루만져 주는 듯했습니다. 형률은 숲이 뿜어내는 신선하고 맑은 공기를 들이마시며 체력을 키웠습니다.

"니 괜찮겠나?"

아버지는 걱정이 되었습니다. 늘 병으로 고생하던 형률이 지리산을 등반한다고 했기 때문입니다. 그 높은 지리산 천왕봉까지 오른다니, 아버지는 도통 마음이 놓이지 않았어요. 천왕봉까지 아들을 업고 대신 올라가 주고 싶었습니다.

형률은 신이 나 있었습니다. 등산 가서 밥해 먹을 쌀과 김치와 라면, 수건, 세면도구와 옷을 배낭에 넣으며 콧노래까지 불렀지요. 아버지는 하도 신기해서 형률을 몇 번이나 쳐다보았습니다.

"아버지, 요즘 저, 아주 건강해졌어요. 감기 한 번 안 걸렸 잖아요."

형률은 주먹을 불끈 쥐어 보이며 자신 있게 말했습니다. 아버지 배웅을 받으며 집을 나서는 형률은 마치 날아오를 듯 기분이 좋아 보였습니다.

"헉헉!"

숨이 끊어질 것처럼 힘들어 형률은 주저앉고 싶었습니다. 형률은 만성 천식 환자보다 기관지가 약했습니다. 천왕봉으 로 오르는 길은 상상 그 이상으로 힘들었지요. 천왕봉은 이 름처럼 아득하게 높은 봉우리였습니다. 형률은 바람을 끝까 지 불어넣은 풍선처럼 심장이 터져 버릴 것 같았습니다.

"형률아, 그냥 여기에서 쉬자. 우리가 같이 옆에 있어 줄 게."

친구들은 거칠게 숨을 내쉬는 형률을 걱정하며 등산을 말 렸습니다. 형률의 낯빛은 금방이라도 숨이 멎을 것처럼 힘들 어 보였습니다. 하지만 형률은 고개를 저었어요. 한 걸음 한 걸음 천천히 나아갔습니다. 끝까지 포기하지 않은 덕분에 드 디어 천왕봉 정상에 올랐지요. 기다려 준 친구들의 도움이 컸습니다.

"이야! 해냈다. 형률이가 해냈다."

"형률이 최고!"

"김형률 만세!"

친구들이 자기 일처럼 기뻐했습니다. 형률은 천왕봉 정상에서 한 점 그늘도 없이 환하게 웃으며 사진을 찍었습니다. 친구들과 어울려 찍은 사진 속의 형률은 햇살처럼 빛났습니다. 친구들과 허물없이 어울리는 기쁨이 얼굴에 가득했지요. 그토록 간절히 원했던 친구, 마음을 나눌 친구들이 곁에 있었으니까요.

야학 시절은 형률에게 활짝 핀 꽃밭 같은 한때였습니다. 어두운 인생에 처음 찾아온 반짝반짝 빛나는 시절이었지요.

스무 살 형률에게도 남몰래 좋아하는 사람이 생겼습니다. 아무에게도 내색할 수 없는, 혼자만의 짝사랑이었습니다. 꿈에 나타날 정도였습니다. 일기장에만 속마음을 털어놓았답니다. 몰래 좋아하던 그 사람은 새마음 야학에서 학생들을 가르치는, 형률이 또래의 대학생 여자 선생님이었어요.

형률은 몸이 약하고 아프다는 것만으로 주눅이 들었습니다. 차마 고백도 하지 못하고 혼자 끙끙 앓기만 했습니다. 자신의 존재가 너무나 초라하고 보잘것없게 느껴졌지요. 나이는 스무 살인데, 중학교 1학년 아이처럼 키가 작고 비쩍 야윈, 병약한 몸이 거울 속에서 자신을 쳐다보고 있었습니다. 보통 사람들, 건강한 사람들이 무척이나 부러웠습니다.

'나는 왜 보통 사람들과 다를까? 아픈 몸 때문에 모든 것을 포기해야만 할까? 누군가를 좋아하는 게 왜 죄일까? 왜 겁쟁이처럼 숨겨야 한단 말인가? 남들처럼 사랑하는 사람을 만나고, 영화도 보러 가고, 여행도 다니고, 직장도 다니고, 결혼해 가정도 이루고 싶은데…… 보통 사람들이 가지는 작은 소망을 이루고 싶은데……. 왜 나는 보통의 꿈, 아니 최소한의 꿈도 가지면 안 되는 것일까?'

형률은 고통스러운 질문을 자신에게 퍼부었습니다. 하지만 그 해답을 알아낼 수가 없었습니다. 생각하면 할수록 더 분명해지는 것은 자신이 보통 사람들과 너무나 다르다는 것뿐이었지요. 마치 완벽하게 다른 세상에서 온 이방인이나 외계인처럼.

야학 졸업식 날, 형률은 주머니 속 립스틱을 만지작거렸습니다. 짝사랑하던 그 여선생님께 드릴 선물이었습니다. 거절당할까 봐 마음 졸였지만, 다행히 선생님은 선물을 받아 주었어요.

선생님과 눈빛이 잠시 마주쳤습니다. 그 눈빛은 형률의 마

음을 알고 있는 듯했지요. 짧은 순간이었지만 연민 어린 마음이 느껴졌습니다. 쓸쓸하고 아팠지만, 가슴속에만 간직해야 하는 눈빛이었습니다. 남몰래 흘리는 눈물같이.

한 걸음

한 걸음 다가가면
그는 한 걸음 더 뒤로
가 버리고 맙니다.

또 한 걸음 다가가면
그는 다시는 볼 수 없는 곳으로 가 버리고
내 존재를 부정해 버려
이 이상 한 걸음 두 걸음 더 갈 수가
없게 되어 버리고 맙니다.

슬픈 가을바람이
텅 빈 가슴속을 후려칠 때는
너무나 아파서
이내 하늘만 바라볼 뿐입니다.

어서어서 그를 잊겠노라고
다짐을 하지만

다짐한 후에는 또 그를 생각하게 되는 것이
나를 더욱 비극적 존재로
만드는 까닭입니다.

한 걸음 한 걸음
해진 노을을 바라보면서
아픈 마음 상처받는 마음
노을 속에서 달래 볼까 합니다.

작은 사랑을 위한
한 걸음을 위해서.

새마음 야학 문집에 실린 형률의 시입니다. 한 걸음 한 걸음 다가가면 달아나는 '그'는 누구일까요? '그'는 어쩌면 건강이 아닐까요? 건강하게 살고 싶은 형률의 꿈이 아닐까요? 이 시는 보통 사람들처럼 살고 싶은 간절한 소망이 담겨 있기도 하고, 고백도 하지 못한 채 끝낸 안타까운 짝사랑에 대한 슬픔을 노래한 시 같기도 합니다.

핵의 아이,
비로소 자신을 똑바로 바라보다

왜 나만 이렇게 철저히 세상과 유리된 채 살아가야 하는지…….
_ 김형률의 《일기》에서

"왜 이렇게 폐렴이 자주 걸리능교?"

아버지는 하도 답답해 주치의에게 따지듯이 물었습니다.

"글쎄요. 도무지 원인을 찾을 수가 없네요. 워낙 형률 군 같은 사례가 없어서 말입니다."

의사가 난감한 표정으로 말했습니다.

"올해 벌써 폐렴만 세 번째 아인교? 참말로 답답데이."

"원인을 찾을 수가 없으니 저희도 정말 답답합니다. 아버님, 일단 특별 혈액검사부터 해 보겠습니다. 정확한 원인을 알아내야 치료 방법을 찾을 수 있을 테니까요."

특별 혈액검사라는 의사의 말이 무섭게 들렸습니다. 스물

다섯 살이 된 그해에 형률은 벌써 세 번이나 폐렴으로 입원을 했습니다.

며칠 뒤 특별 혈액검사 결과가 나왔습니다. 의사의 표정이 어두웠습니다.

"병명을 찾아냈습니다. 면역글로불린 M의 증가에 따른 면역글로불린 결핍증입니다."

마치 판사가 최종 선고를 내리는 것 같았습니다.

"네?"

형률의 눈이 휘둥그레졌습니다. 가슴이 철렁했습니다. 듣도 보도 못한 이상하고 긴 병명에 놀라지 않을 수 없었지요. 고치기 힘든 무섭고 희귀한 병에 걸린 게 아닌가 싶었습니다.

"도…… 도대체 그 병이란 게 어떤 병입니까?"

"선천적으로 면역력이 아주 약한 희귀 난치병입니다. 면역력이 신생아와 별반 차이가 없을 정도로 약한 병입니다. 그래서 기관지 확장증이나 여러 가지 합병증을 앓을 가능성이 큰 거죠."

"선생님! 이 병이 제게 왜 생긴 거죠? 대체 원인이 뭡니까?"

형률이 떨리는 목소리로 의사에게 물었습니다.

"제 개인적인 생각이긴 하지만, 형률 군 어머니께서 원폭 피해자라고 이야기 들었는데…… 아마도 어머니의 피폭 때문인 듯싶기도 하고……. 확실한 건 아닙니다."

형률은 무슨 말인지 도무지 이해가 되지 않았습니다. 피폭? 엄마가 피폭당한 것과 내 병이 무슨 상관이 있지? 형률은 의아한 얼굴로 의사를 쳐다보았습니다.

"피폭? 선생님, 그게 대체 무슨 말입니까? 엄마의 원폭 피해와 제 병이 무슨 상관이 있다는 거죠? 제발 자세히 좀 말씀해 주세요."

형률의 애원에 의사는 당황한 기색으로 손을 내저었습니다.

"아니, 아닙니다. 정확한 건 아니고 그냥 개인적 견해일 뿐이니 신경 쓰지 마세요."

의사는 형률의 시선을 피하며 입을 다물었습니다. 뭔가를 감추는 듯했습니다. 의사는 급한 볼일이 있다며 병실을 서둘러 나가 버렸어요.

원자폭탄 피해자, 피폭이라는 그 말은 형률의 가슴속 연못에 돌멩이가 떨어진 것처럼 물결을 일으켰습니다. 그 말은 가슴속 깊이 가라앉아 있다가 때로 불쑥불쑥 떠올랐지요. 형률은 그것이 자신의 삶에서 얼마나 중요한 의미를 지니는지 그때엔 전혀 알지 못했습니다.

"아버지, 합격했어요!"

스물여섯 살이 되던 해, 형률이 들뜬 목소리로 부산 동의 공업전문대학(현 동의과학대학교) 전산학과 합격증을 내밀었습니다. 검정고시에 합격하고 6년이 지나서야 전문대학에 입학하게 된 것입니다. 병원을 내 집처럼 들락거리는 바람에 공부를 계속하기 어려웠기 때문이었습니다.

"장하다! 우리 아들!"

아버지는 형률의 등을 두드려 주었습니다. 어머니의 얼굴에도 오랜만에 환한 웃음꽃이 피어났습니다. 아버지는 몸이 아픈데도 공부를 포기하지 않는 아들이 대견하기도 하고 안쓰럽기도 했습니다. 아버지는 늘 형률을 지지하고 존중했습니다. 합격 소식을 듣자마자 무리해서 컴퓨터부터 사 주었지요. 아버지는 아들이 원하는 건 뭐든 다 해 주고 싶었습니다. 몸이 부서지는 한이 있어도.

형률은 병에 시달리면서도 자신의 생활은 스스로 책임지려 했습니다. 자신 때문에 고생하시는 아버지 어머니의 짐을 조금이라도 덜어 드리고 싶었습니다. 몸을 움직이는 것조차 어려울 정도로 피곤하고 힘들었지만, 필사적으로 공부했습니다.

전문대학을 졸업하고 취직자리를 알아보았지만, 우리나라가 아이엠에프(IMF) 시기라 일자리 구하기가 하늘의 별 따기였습니다. 그러다 창원시에 있는 벤처기업에 업무용 프로그램을 만드는 일자리를 힘들게 구했습니다. 월급도 제대로 못 받았지만, 프로그램 개발 기한을 맞추기 위해 밤샘 작업도 마다하지 않고 일했습니다. 결국 형률은 과로로 쓰러지고 말았습니다.

형률은 겨우 몸 상태가 회복되자마자 다시 일자리를 구하러 다녔습니다. 농협 지점의 홈페이지 작업을 하는 회사에 어렵게 취직하게 되었지요. 무리해서 일을 한 탓인지 두 달 만에 다시 몸 상태가 급격하게 나빠졌습니다. 열이 나고 기침이 멈추지 않을 정도로 심해졌습니다.

"회사 그만둬라. 일 더 나가면 죽는데이."

아버지는 일하러 나서는 형률을 막았습니다. 늘 아들의 의사를 존중해 주는 아버지였지만 이번에는 안 되겠다 싶었습니다. 형률은 며칠간 고민하다 회사를 그만두었습니다. 일하다 쓰러지기라도 하면 직장에 손해를 끼칠 수 있기 때문이었어요. 몸 한쪽이 떨어져 나가는 것 같았습니다.

몸은 가장 약했지만, 형률은 누구보다 의지가 강했습니다. 몇 번이나 실패하고 넘어져도 홀로 서려는 희망을 절대 놓지 않았습니다. 이번엔 웹디자인 학원에 등록했습니다. 아픈 몸 때문에 집에서 할 수 있는 일을 준비하기 위해서였지요.

형률은 또다시 밤샘 작업까지 하면서 작품 제작에 몰두했습니다. 너무 무리한 탓인지 감기에 걸려 몸에 열이 오르고 몸살이 났습니다. 기침을 심하게 하면 가슴에 엄청난 통증이 왔습니다. 움직일 수 없을 만큼 극심하게 아팠습니다. 그토록 걱정하던 급성 폐렴이 재발했습니다. 문턱이 닳도록 입원과 퇴원을 반복한 침례병원에 다시 입원해야 했지요.

형률은 병원 침대에 누워 애타게 부르짖었습니다.

'대체 왜? 내가 무슨 큰 죄를 저질렀다고? 난 단지 보통 사람처럼 평범하게 살고 싶을 뿐인데 왜? 내가 무슨 잘못이 있다고? 왜 나만 이렇게 아파야 해?'

형률은 괴로움에 몸부림쳤습니다. 묶인 짐승이 울부짖으며 발버둥 치는 듯했습니다. 결코 빠져나올 수 없는 깊은 함정에 갇힌 것만 같았습니다. 형률은 침대에서 뒤척이며 질문하고 또 질문했습니다.

'나는 왜 자립할 수가 없나? 왜 나는 부모님의 짐을 덜어드릴 수 없을까? 남들은 쉽게 하는 일인데, 왜, 왜 나만 안 되는 걸까? 나도 인간인데, 인간답게 살고 싶은데…… 나는 도대체 어떤 사람이기에 왜 이렇게 병에 잘 걸릴까? 왜 나는

보통 사람들과 다르게 살아온 걸까?'

　지금까지 병에 시달릴 때마다, 수많은 도전이 실패할 때마다 노력이 부족했다고 자책했지요. 아무리 노력해도 헛일일 뿐이었습니다. 태어날 때부터 지금까지 병과 전쟁을 벌이고 있었으니까요.

　형률은 이리저리 몸을 뒤척이다가 힘겹게 몸을 일으켰습니다.

　"어! 저게 뭐지?"

　침대 모서리에 걸려 있는 검은색 서류철이 눈에 들어왔습니다. '진료기록부'였습니다. 아마도 의사가 회진하다 깜빡하고 두고 간 모양이었습니다. 진료기록부에는 한 편의 의학 논문이 들어 있었습니다. 형률은 논문 제목을 보는 순간 심장이 튀어나오는 기분이었습니다. 바로 형률 자신에 관한 논문이었기 때문입니다. 형률은 마음을 진정시키고 의학 논문을 자세히 살펴보았습니다.

　"환자의 희귀병이 발생한 원인은 바로 방사능 때문에 유전적으로 면역 체계가 교란되었을 확률이 높다."

　형률은 순간 온몸이 얼어붙었습니다. '방사능'과 '유전'이라는 말이 온몸을 칭칭 감는 것 같았습니다.

　'방사능 때문이라고? 유전?'

어머니는 히로시마에서 방사능에 피폭된 때문인지 늘 아팠습니다. 악성 등허리 종양과 피부병에 평생 시달리며 살아왔습니다. 해마다 8월이면 이따금씩 이야기하던 원폭 피해의 참상은 그냥 지어낸 이야기가 아니었습니다.

방사능! 원폭! 히로시마!

우연히 보게 된 의학 논문에 병의 원인을 찾아낼 실마리가 숨어 있었던 것입니다. 땅속 깊이 파묻혀 있던 비밀이 머리를 드러내려는 것 같았어요. 칠흑같이 캄캄한 동굴 속에 가느다란 빛이 한줄기 스며든 것만 같았습니다.

어머니 이곡지는 원폭 피해 1세였습니다. 아들 형률은 원폭 피해 2세, 그리고 태어나서 지금까지 늘 아픈 환자였습니다. 운이 나빠 우연히 생긴 병이 아니었습니다. 원폭 피해 때문에 생긴 유전병으로 평생 병에 시달린 거였지요. 오늘이 지나면 내일이 온다는 사실만큼이나 분명한 진실이었습니다.

거울에 비친 삐쩍 마른 몸, 야윈 얼굴의 청년. 형률은 비로소 자신을 똑바로 바라보았습니다. 자신이 바로 가여운 핵의 아이였음을 이제야 깨달았습니다. 태어날 때부터 이미 핵의 아이였다는 사실을!

새로운 길로 첫발을 내딛다

모처럼 햇살을 보게 되어 한결 기운이 나는 것 같다.
_ 김형률의 《일기》에서

형률의 가족이 사는 수정아파트는 산비탈에 서 있는 낡고 허름한 아파트였습니다. 형률은 아파트 창문 밖을 오랫동안 내다보았습니다. 저 멀리 부산 북항 바다가 푸른 천처럼 펼쳐져 있었지요. 형률은 감기에라도 걸릴까 봐 항상 방안에서만 지내야 했습니다. 방문을 꽁꽁 닫아걸고.

창문 밖에는 새들이 자유롭게 날아다녔습니다. 찬란한 햇빛, 나뭇가지를 흔드는 바람, 푸른 하늘, 눈부신 가을날이었습니다. 형률은 창문을 활짝 열어젖혔습니다. 어제와는 완전히 다른 세상이 방 안으로 들어오는 것 같았습니다.

형률은 가 보지 않았던 새로운 길로 첫발을 내디뎠습니다.

방문을 활짝 열고 새로운 세상으로 나왔습니다. 형률을 세상으로 불러낸 것은 바로 희망이었지요. 병의 원인을 찾아내면 치료 방법도 찾을 수 있으리란 희망의 빛이 보였습니다. 형률의 가슴속에는 병의 원인을 알아내겠다는 집념이 활활 불타오르고 있었습니다.

형률에 대한 논문을 쓴 의사는 형률의 병에 대해 정확한 설명을 해 주지 않았습니다. 형률을 피하기만 했어요. 형률은 병의 원인을 밝히기 위해 대도시 큰 병원의 의사들을 찾아다녔습니다. 만나는 의사들을 붙잡고 자신의 병에 대해서 문의했습니다. 하지만 어느 의사도 시원한 대답을 해주지 않았습니다.

"지금까지 생명을 부지하고 있는 것만으로도 기적입니다. 이 병을 앓는 환자는 대개 열 살 이전에 세상을 떠나게 되죠. 국내에서 가장 오래 산 사람도 스물아홉 나이로 세상을 떠났어요."

어떤 의사는 노골적으로 이렇게 말하기도 했습니다. 언제 어느 순간에 죽을 수 있다는 말, 희망이 없다는 의미였습니다.

누구도 희망을 대신 찾아 줄 수 없었습니다. 형률은 자신의 손에 모든 것이 달려 있다는 것을 깨달았습니다. 병의 원인을 찾아내고 원자폭탄 피해의 유전성에 대해 알아내는 일은 그 누구도 대신해 주지 않는다는 것을 뼈저리게 깨달았습니다.

"어? 이런 책도 있었네."

어느 날 형률은 서점에서 책을 뒤지다 《면역학사전》이라는 두꺼운 의학 서적을 발견했습니다. 별 기대 없이 책장을 넘기다 자신의 병명에 관해 설명해 놓은 부분을 찾아냈습니다.

"이 병은 엑스 염색체상에서 열성유전병으로 유전되는 경우가 많다. 뭐? 열성유전병? 유전! 유전되는 경우가 많다고? 유전이라고?"

형률은 머리를 한 대 세게 맞은 느낌이었습니다. 그 말은 엑스 염색체, 즉 어머니에게서 자식에게 유전된다는 뜻이었습니다. 형률은 마침내 병의 원인을 알아냈습니다. 그토록 찾아 헤매던 과학적인 증거를 전문 서적에서 찾아낸 것입니다. 원자폭탄에 피폭된 어머니에게 열성유전병을 물려받은 탓에 면역력이 없어서 병에 잘 걸렸다는 뜻이었지요. 형률이 태어나서 지금까지 아플 수밖에 없었던 이유는 바로 원자폭탄 피해로 생긴 유전 때문이었습니다.

'그래! 이 모든 게 원자폭탄 때문이었어. 유전 때문이었어. 엄마 잘못이 절대 아니야. 애초에 일본이 우리나라를 식민지로 만들지 않았다면……, 미국이 일본에 원폭을 투하하지 않았다면……? 엄마는 절대 원폭 피해를 입지 않았겠지. 엄마는 입지 않아도 될 피해를 본 거야. 엄마도 나도 병 때문에 평생 시달리지 않았겠지. 엄마 잘못도 내 잘못도 아니야! 절대로 아니야!'

형률은 고개를 힘껏 저었습니다. 형률 자신의 잘못도 어머니의 잘못도 아니었어요. 원폭 피해자의 잘못이 아니었습니다.

'내 병은 내 개인만의 병이 아니야. 그냥 우연히 생긴 병이 아니었어. 나는 원자폭탄에 피폭당한 적도 없는데, 전혀 내 의지와 상관없이 생긴 병이야. 내가 전혀 경험하지 않았던 과거 때문에, 전쟁 때문에 생긴 병이야. 전쟁은 아직도 끝나지 않았어.'

형률은 자신의 병이 한 개인의 병이 아니라 역사적인 맥락에서 보아야 할 병이란 사실을 깨달았습니다. 지금까지 겪었던 모든 고통에는 무서운 역사적 진실이 숨어 있던 것입니다. 바로 원자폭탄 피해 후유증이란 진실이었습니다. 칼끝처럼 날카로운 진실이 심장을 아프게 찔렀습니다.

'나는 원자폭탄 피해 2세다! 그래서 나는 아프다!'

형률은 자신이 한국 원폭 피해자 2세라는 사실을 있는 그대로 받아들이기로 했습니다. 주먹을 불끈 쥐고 앞을 노려

보았습니다.

'이제부터 무엇을 해야 할까? 그래. 바로 지금 내가 한국 원폭 피해자 2세라는 사실에서 출발하면 되는 거야.'

형률은 굳은 신념으로 불타올랐습니다. 눈빛은 강철같이 단단했습니다.

형률은 원폭 피해 문제에 대해 무섭게 파고들어 공부했습니다. 인터넷과 도서관에서 자료들을 샅샅이 뒤지고 다녔습니다. 신문이나 잡지, 관련 도서, 영상물, 공문서, 팸플릿, 인권단체 회의록, 원폭 피해자 주소록, 외국의 의학 논문까지 파헤쳤습니다. 수많은 자료를 복사하고 일분일초를 아껴 가며 찾아낸 내용을 꼼꼼하게 메모했습니다.

원폭 피해 문제에 관한 한 우리나라에서 형률만큼 전문적인 지식을 가진 사람이 없을 정도였습니다. 신들린 사람처럼 연구하고 공부했습니다. 형률은 하루가 다르게 원폭 피해 문제 전문가로 변해 갔습니다. 형률은 원폭 피해 문제라는 거대한 숲속으로 성큼성큼 발을 들여놓았습니다. 털끝만큼의 두려움도 없이!

형률은 원폭 피해 2세 환우는 단순히 동정 받아야만 하는 피해자가 아니라 핵의 무서움을 증명하는 평화의 증거자

이자 수호자란 사실을 깨달았습니다. 부모에게 원폭의 고통을 대물림 받은 몸이 바로 그 증거였습니다. 형률 자신의 아픈 몸이 증거였습니다. 핵 없는 세상의 주춧돌을 놓을 주인공이 바로 원폭 2세 환우였지요.

인류 역사에서 인간이 만들어 낸 가장 무서운 무기가 바로 핵무기였습니다. 단 한 발의 원자폭탄은 수백만 명이 사는 도시를 눈 깜짝할 사이에 사라지게 할 수도 있습니다. 그보다 더 무서운 건 원자폭탄에서 나온 악마의 방사능입니다. 눈에 보이지도 않고 냄새도 없는 무서운 방사능은 인간의 삶을 움켜쥐고 산산조각 냅니다. 방사능에 피폭당한 부모에게서 아이가 태어나면 원폭 후유증이 대를 이어 자식의 몸에까지 나타납니다. 원폭 피해자 1세, 2세, 3세에 이르기까지 자손들도 병에 시달리게 되는 것이지요. 죽어도 끝이 나지 않는 끔찍한 전쟁이 바로 원자폭탄 피폭 후유증입니다.

형률은 그 누구보다 원폭 피해자들의 고통에 대해 절실히 느끼고 있었습니다. 자신의 잘못도 아닌데 평생 병에 시달려야 하는 원폭 피해자의 고통을 태어나서 지금까지 하루도 빠짐없이 겪고 있었으니까요.

형률은 공부한 것들을 아버지에게 가끔 설명하기도 했습

니다. 언젠가는 아버지의 일이 될지 모른다는 예감 때문이었지요. 언제 추락할지 모를 죽음의 바윗돌이 자신의 머리 위에 위태롭게 매달려 있었으니까요.

"아버지, 원폭 피해자들이 이렇게 고통스럽게 살아온 이유가 뭘까요?"

"다 나라가 힘이 없어 나라를 빼앗겼기 때문이 아이겠나?"

"저는 가해자들이 책임을 지지 않았기 때문이라고 봐요."

"가해자? 일본이 바로 가해자 아이가?"

"맞아요. 침략 전쟁을 일으킨 일본도, 원폭을 만들고 떨어뜨린 미국도 가해자예요."

"니 말이 맞다. 미국도 가해자다. 미국이 원폭을 만들고 떨어뜨렸으니까."

"일본이 더 문제예요. 세계에서 유일한 원폭 피해국이라고 떠벌리고 있어요. 가해자가 피해자라 주장하다니, 진짜 뻔뻔스러워요. 일본은 자기 나라 원폭 피해자들만 지원하고 한국의 원폭 피해자에 대한 보상은 외면했어요. 1965년 한일 협정으로 국가적 보상이 완료되었다고 비겁하게 발뺌하고 있어요."

"우리 한국 원폭 피해자들은 지금까지 가만있었나? 우리

나라 정부는 대체 뭐 하고 있었는데?"

"한국 원폭 피해자들은 1967년도에 원폭피해자협회를 만들었어요. 권리를 되찾기 위해 일본에 밀항까지 하고 재판도하고 끈질기게 싸웠죠. 정작 우리 정부는 원폭 피해자들을외면하고 방치하기만 했어요. 원폭 피해자들이 일본 정부에사죄와 배상을 요구하며 힘들게 싸우는데도 말이죠. 완전히버린 자식처럼 그냥 내버려 둔 거예요. 정부는 해방 이후 지금까지 원폭 피해자들에게 아무런 지원도 하지 않았어요. 그때문에 원폭 피해자들은 잔인한 유산을 자식들에게 물려주어야 했죠. 가난과 질병, 사회적 차별이란 끔찍한 유산 말이에요. 원폭 피해자 보상 문제는 국가가 직접 나서야만 해결될수 있어요. 우리 정부도 어쩌면 가해자나 마찬가지예요."

"우리 정부가 가해자라고?"

아버지가 눈을 둥그렇게 떴어요.

"원폭 피해자들을 지금까지 방치하고 외면했다는 점에서요. 나라가 있어도 나라 없는 국민이에요. 우리 원폭 피해자들은."

원래 아버지는 원폭 피해자 문제에 대해 아무것도 몰랐고관심도 없었지요. 형률의 설명을 들으면서 조금씩 원폭 피해자 문제에 대해 알게 되었습니다. 아버지는 형률이 하려는 일이 무엇인지 어렴풋하게나마 짐작했어요. 그동안 누구도 하지 않았던 일을 하려는 아들이 걱정스럽고 낯설면서도 한 편으로는 대단해 보였습니다.

형률은 열심히 작성한 문서를 저장하고 컴퓨터를 껐습니다. 배낭에 자료를 잔뜩 챙겨 넣었습니다. 한여름인데도 긴 팔 남방과 봄 잠바로 갈아입었습니다. 목수건까지 둘렀지요. 형률이 버스를 타면 사람들이 이상하다는 듯이 쳐다보곤 했습니다. 에어컨이 켜져 있는 버스나 지하철을 이용할 때는 긴 소매 옷을 입어야 했어요. 조금만 찬바람을 쐬어도 기침이 멈추지 않았으니까요.

"형률아! 그 몸으로 또 오데 가노?"

아버지는 외출이 너무 잦은 형률이 걱정스러웠습니다. 열흘 전에도 아파서 병원에 드러누워 있었기 때문입니다.

"도서관에 다녀올게요."

"무리하지 말그래이."

"예! 다녀오겠습니다."

아버지에게 인사를 하고 아파트 현관문을 나서는 형률의 표정은 더없이 밝고 희망차 보였습니다.

처음 터져 나온 그날의 목소리

누구도 우리에게 '말하지 말라' 할 권리는 없다.
_ 김형률의 《일기》에서

유난히 추웠던 겨울이 지나고 개나리 꽃망울이 툭툭 터지는 봄이 왔습니다. 희디흰 목련이 사람들의 시선을 붙드는 봄날이었습니다. 형률은 간신히 기운을 차렸습니다. 겨울을 지나는 동안 몇 번이나 죽음의 문턱까지 갈 정도로 몸이 아팠습니다.

"니, 와 그래 쓸데없는 일을 하고 댕기노? 니 때문에 속이 푹푹 썩어 문드러진다."

어머니는 아들의 몸이 더 나빠질까 봐 형률이 하는 일을 반대했습니다. 형률은 알고 있었습니다. 아들이 아픈 것이 당신 때문이라며 자책하는 어머니의 한을 어떻게 모르겠어요? 그 한을 조금이나마 풀어 드릴 방법이 이 일이라고, 어떻게 설명할지 막막했습니다.

형률은 아픈 몸을 이끌고 먼저 여러 시민단체를 찾아다녔습니다. 원폭 피해 2세 환우 문제를 어떻게든 세상에 알려야만 했습니다. 피해자가 아프다고 세상에 외치지 않는 한 어느 누구도 피해자에게 관심을 갖지 않을 테니까요.

형률이 시민단체를 찾아다니고 원폭 문제를 알리려 했던 덕분에 형률과 뜻을 같이하는 사람들이 점점 늘어났습니다. '미쓰비시 재판을 지원하는 시민모임' 활동을 하는 분들도 만나고, 대구에 있는 '원폭 피해자와 함께하는 시민모임' 관계자도 만났습니다. 시민모임의 도움으로 히로시마에서 활동하는 '한국 원폭 피해자를 구원하는 시민회' 관계자들과도 만났습니다. 일본 히로시마에서 열린 '반(反)원자력의 날' 행사에도 초청받아 다녀왔습니다.

2002년 3월, 형률은 대구의 '원폭 피해자와 함께하는 시민모임'에서 연락을 받았습니다. 일본 고이즈미 총리의 방한에 맞추어 원폭 피해 2세 문제에 대해 세상에 알리는 기자회견을 하자는 제안이었지요. 제안을 받고 형률은 깊은 생각에 잠겼습니다.

'나는 아프다. 아프면 아프다고 외쳐야만 한다. 절대로 침묵할 순 없다. 아프다고 외치는 것이 왜 잘못이란 말인가. 가난보다, 차별의 시선보다 원폭 피해자 2세 환우들의 생명을 지키는 것이 우선이다. 어떤 일이 있어도 삶은 계속되어야만 하니까!'

형률은 기자회견을 하기로 마음을 굳혔습니다. 세상과 맞서 싸우기로, 침묵의 벽을 깨부수기로 결심했습니다. 가해자들은 피해자들이 영원히 입을 다물기만을 원하니까, 반드시 진실을 드러내야 한다고 생각했지요.

기자회견 날짜가 다가올수록 마음이 복잡했습니다. 형률은 기자회견을 앞두고 옳은 결단을 내린 것인지 고민에 휩싸였습니다.

'기자회견을 하면 원폭 피해자 2세 문제가 세상에 알려지겠지. 아마도 나 같은 원폭 피해자 2세에게서 연락이 오지 않을까? 같이 힘을 모으면 얼마나 좋을까?'

날마다 죄책감으로 눈물 마를 날 없었던 어머니를 위해서라도, 평생 병마에 시달린 것이 원폭 피해자들과 원폭 피해자 2세 환우들의 잘못이 아님을 알리기 위해서라도 이 기자회견을 꼭 해야만 했습니다. 하지만 마음 한구석이 무겁기 이를 데 없었습니다. 가족들의 얼굴이 하나하나 떠올랐습니다.

'내가 원폭 피해자 2세 환우라는 것을 밝힌다면 형님들이 직장에서 피해를 받을 텐데……. 여동생은 어떻게 될까? 과연 결혼할 수 있을까?'

형률이 유전병을 앓고 있는 원폭 피해 2세란 걸 밝히면 원폭 2세 환우들과 가족들은 사회적 차별과 편견에 가득한 시선을 받을 게 뻔했습니다. 가족들에게 도움이 못 되고 피해만 줄 수 있다는 생각에 몹시 괴로웠습니다.

가야 할 길이 아주 멀다는 생각이 들어 두렵고 불안하고 외로웠습니다. 처음으로 세상에 외친다는 것, 아무도 가 보지 않은 길을 간다는 것은, 죽음을 각오하는 것만큼 힘들었지요.

"형률아! 잠이 안 오나?"

아버지는 형률이 고민에 빠져 뒤척이고 있는 게 안쓰러워 말을 걸었습니다.

"예."

"니는 참말로 옳은 결정을 한 기다. 절대로 니 개인의 병이 아이기 때문에 온 세상에 알려야 된다. 미국과 일본이 벌인 전쟁으로 생긴 병 아이가? 전쟁을 일으킨 놈들한테 책임지라꼬 하는 기 뭐가 잘못됐노? 원폭을 만든 놈들, 떨어뜨린 놈들, 전쟁을 일으킨 놈들 잘못이다. 이게 전부 그놈들 잘못이다. 그들이 니 앞에서 무릎 꿇어야 된다. 나는 내 아들이 진짜로 자랑스럽다."

형률은 아버지의 손을 꽉 잡았습니다. 아버지의 손이 쇠처럼 단단하게 느껴졌습니다.

"이 아버지는 끝까지 우리 아들 편이다."

형률은 울컥 목이 메었습니다.

2002년 3월 22일.

일본 총리 고이즈미가 방한하는 날이었습니다. 바로 이날, 한국청년연합회 대구 지부 사무실에서는 아주 특별한 기자회견이 열렸습니다.

기자회견을 하는 형률의 옆에는 아버지와 최봉태 변호사가 앉아 있었지요. 최봉태 변호사는 강제징용 피해자들의 재판을 오래전부터 도왔던 분입니다. '원폭 피해자와 함께하는 시민모임' 회원들도 한자리에 있었습니다.

"젊은이가 몸이 왜 저래?"

"몸도 안 좋은 사람이 무슨 기자회견을 한다고 쯧쯧!"

혀를 차며 고개를 절레절레 흔드는 사람도 있었지요.

"세상에! 완전 중환자 같은데?"

회견장에 모인 사람들은 마이크를 쥔 형률을 불안한 마음으로 쳐다보았습니다. 누군가 손으로 툭 건드리기만 해도 쓰러질 것처럼 보였습니다. 얼굴은 청년이었지만 중학교 저학년 아이보다 몸집이 작고 허약했으니까요.

"내가 바로 일본이 일으킨 침략 전쟁과 식민지 만행의 증거입니다. 33년 동안 병마에 시달리며 살아왔습니다. 저희 어머님은 1940년 히로시마에서 태어나셨는데, 원폭 투하 때인 1945년 여섯 살 나이에 원폭을 맞으셨다고 합니다."

형률은 연신 기침을 하며 회견문을 읽어 나갔습니다. 고통스러운 기침 소리가 기자회견장에 울려 퍼졌습니다.

"한국과 일본의 많은 원폭 2세 중에서도 저와 같이 선천성 질병에 걸려, 평생을 병마에 시달리며 살아가는 원폭 2세들이 있습니다. 이들에게도 일본의 원폭 1세들처럼 피폭자 원호법을 똑같이 적용해야 한다고 생각합니다. 그래서 정상적인 사회생활을 하면서 자식 된 도리, 인간 된 도리를 다할 수 있도록 해야 합니다."

형률의 목소리는 쉬었고 떨렸습니다. 하지만 눈빛만은 뜨겁고 단단하고 결의에 차 있었습니다. 자신이 평생 병마에 시달린 원폭 피해자 2세 환우라고 당당하게 밝혔습니다. 유전병으로 고통받는 원폭 피해자 2세 환우라고 외쳤습니다. 기자

원폭 피해자

한국 청년연합

들이 연신 셔터를 누르며 사진을 찍었습니다.

신사참배를 강행하던 일본 총리가 한국을 방문한 날, 형률은 아직도 일본 제국주의 침략 전쟁의 비극은 끝나지 않았다고 외쳤습니다. 바로 자신의 아픈 몸이 그 증거였습니다.

키 162센티미터, 몸무게 36킬로그램, 폐의 기능이 30퍼센트밖에 남지 않은 몸, 한여름에도 소매가 긴 옷을 입어야 하는 몸, 한번 기침이 시작되면 숨이 멎을 정도로 기침을 멈출 수 없는 몸. 형률은 자신의 아픈 몸으로 핵의 무서움을 알렸습니다. 원폭이란 과거가 현재와 미래를 쇠사슬처럼 묶어 버릴 수도 있다는 사실을!

우리나라 사람들 대부분은 원폭 피해자가 있다고 상상도 하지 못했습니다. 해방 뒤 60년 동안 땅속 깊이 묻혀 있던 진실이 처음으로 파헤쳐진 것입니다. 원폭 피해 후유증이 유전된다는 사실을 세상에 처음 알린 형률의 기자회견은 한국 사회에 커다란 충격을 주었습니다. 그동안 누구도 열지 못했던, 금지된 비밀의 상자를 확 열어젖힌 거였으니까요. 원자폭탄의 비밀을 담은 상자 속에는 무서운 진실이 숨어 있었습니다.

그날 처음 터져 나온 목소리, 형률의 당당한 외침이 불화살이 되어 세상의 심장 속으로 날아갔습니다.

원폭 2세 환우회 첫 모임을 갖다

아파도 편안한 마음으로 아프고 싶다. 치료비 걱정 없이.
_ 김형률의 《일기》에서

원폭 피해의 유전성을 알린 형률의 기자회견은 언론의 큰 주목을 받았습니다. 형률에게 방송사와 신문사의 인터뷰 요청이 빗발쳤습니다.

하지만 어렵게 용기를 내 핵의 위험과 원폭 피해가 유전된다는 사실을 알린 형률에게 돌아온 건 비난의 화살이었습니다.

"거참 별나네. 유전이니 뭐니 왜 쓸데없는 기자회견을 해서 불안하게 만드는 거요? 우린 별 탈 없이 건강하게 잘 살고 있는데……. 조용히 좀 삽시다."

형률이 기자회견을 하고 나서 건강한 원폭 2세들이 항의를 해 왔습니다. 원폭 1세들의 항의 전화도 숱하게 걸려 왔습니다. 원폭 1세들은 원폭 후유증이 유전된다는 것이 알려지면 자녀들이 차별받게 된다며 두려워했습니다. 결혼과 취직도 힘들어지고 각종 사회생활에서 차별을 받기 때문이었지요.

형률은 기자회견 뒤 심하게 마음고생을 한 탓인지 몸 상태가 점점 나빠졌습니다. 3주 정도 입원했다가 퇴원했습니다.

퇴원하고 사흘째 되던 날 밤, 기침이 멈추지 않고 터져 나왔습니다. 온몸을 쥐어짤 정도로 기침을 하는데 뜨거운 뭔가가 울컥 튀어나왔습니다. 핏덩어리가 쉼 없이 쏟아졌습니다. 집에는 아무도 없었습니다.

"누구 없어요? 도와주세요!"

형률은 피범벅이 된 채로 소리를 치며 도움을 요청했습니다. 피투성이가 된 채 아파트 복도에 주저앉아 있는 형률을 보고 사람들이 비명을 질렀습니다.

"으악! 피!"

몰려든 사람들이 멈칫거리며 뒤로 물러섰습니다.

"아이고! 큰일 났다. 저러다 죽는 거 아이가?"

아버지가 혼이 나간 얼굴로 정신없이 달려왔습니다. 곧 구급차가 도착했습니다. 시장에서 장사하던 어머니도 응급실로 급히 쫓아왔습니다.

형률은 병원에서 '기관지 동맥 색전술'이라는 시술을 4시간 넘게 받았습니다. 차라리 죽는 것이 더 낫겠다는 생각이 들 정도로 고통스러웠지요. 누군가 마른걸레처럼 온몸을 끊임없이 비틀어 짜는 듯했습니다. 형률이 시술을 받는 동안 아버지는 가슴이 새까맣게 타들어 갔습니다.

건강을 유지하고 하루하루 생명을 이어 가는 것 자체가 형률에겐 가장 큰 싸움이자 전쟁이었습니다. 하루하루 병과 전쟁을 치르면서도 형률은 원폭 피해 문제 해결을 위해 멈추지 않고 활동을 이어 갔습니다.

형률은 여러 가지 자료를 통해 원폭 후유증을 앓는 원폭 2세의 수를 조사했습니다. 우리나라에는 2300여 명 정도의 원폭 피해자 2세가 병과 싸우고 있었습니다. 하지만 지금까지 어느 누구도 나서서 아프다고 말하지 않았지요. 형률은 이해할 수가 없었습니다. 정부에서도 왜 이들을 방치하고 있는지 도무지 알 수가 없었습니다.

아프면 아프다고 말하는 것이 왜 문제가 되는 것일까? 형률은 이 문제에 대해 깊이 고민했습니다. 여기에는 온갖 복잡한 문제가 얽혀 있었지요.

"아버지, 원폭 피해자 문제의 핵심이 유전이잖아요?"

"그래, 유전이지. 니가 유전 문제로 맨날 씨름하고 있다 아이가?"

아버지가 고개를 끄덕였습니다.

"정말이지 이 원폭 피해의 유전성 문제는 결코 간단한 문제가 아니에요. 먼저 방사능과 유전의 관계를 밝혀야 해요. 두 번째는 유전 문제로 차별받는 원폭 피해자 가족을 보호할 제도가 필요하죠. 그리고 한국과 일본, 원폭을 만들어 투하한 미국 정부가 책임지는 행동을 보여야만 해요. 개인이 나서서 해결될 문제가 아니에요. 국가가 나서지 않으면 안 되는 일이에요."

"그 어려운 문제를 누가 앞장선다는 말이고? 원폭 1세? 어림도 없다."

아버지는 손을 내저으며 말했습니다.

"맞아요. 원폭 피해자 1세가 아니에요. 원폭 피해자 1세들 중에는 방사능과 유전병의 관계가 알려지는 걸 두려워하는 사람도 많아요. 자식들이 결혼할 때까지 평생 원폭 피해자임을 숨기며 살아온 원폭 1세들이 많다고 하잖아요. 저와 같은 원폭 2세 환우들이 나서야만 하는데……. 우리 원폭 2세들이 나서게 하는 방법이 뭘까요?"

"글쎄다. 무슨 방법이 있겠노? 니가 그리 힘들게 기자회견을 했는데도 안 모이는데 말이다."

아버지가 혀를 차며 말했습니다. 그때 형률은 문득 백혈병 환우회가 떠올랐습니다.

"아! 맞아요. 서울에 있는 백혈병 환우회에 한번 찾아가 봐야겠어요."

"또 서울에 간다꼬? 백혈병 환우회?"

"백혈병 환우회에 가 보면 뭔가 답이 나올 것 같아요."

형률은 백혈병 환우회가 백혈병 환자들에게 기적의 신약이라고 불리는 글리벡 약값 인하 투쟁을 벌인다는 것을 알고 있었습니다. 형률은 강제징용 노동자들의 재판이나 '위안부' 피해자 할머니들과 장애인들의 투쟁을 보면서도 깊은 감명을 받았습니다. 빼앗긴 인권을 찾기 위해서는 피해 당사자가 치열하게 싸워야 한다는 것을 깨달았지요.

형률은 '한국백혈병환우회' 사무실 앞에서 호흡을 가다듬었습니다.

"자네와 같은 환자 한 사람이라도 찾아야 해!"

백혈병 환우회 강주성 대표는 그 아픈 몸으로 서울까지 찾아온 형률에게 이 말을 해 주었습니다.

'한 사람이라도!'

이 말은 형률에게 빛이 되었습니다. 아픈 원폭 2세 환우 스스로가 뭉쳐야만 이 문제를 해결할 수 있다는 말이었습니다. 스스로를 지키고 보호할 조직부터 만들라는 의미였지요.

형률이 단체의 필요성을 절감한 것은 바로 원폭협회 1세들의 태도 때문이기도 했습니다. 형률은 원폭 피해자 1세들이 누구보다 원폭 2세 환우 문제 해결에 더 협조적일 거라고 생각했습니다. 정작 한국원폭피해자협회의 간부들은 형률의 공개적인 활동을 꺼렸습니다.

"나서서 설치지 말게. 1세들 문제도 해결이 안 된 마당에, 일본 정부가 2세 지원을 어떻게 하겠나? 방사능과 유전의 관계도 증명이 안 됐는데 어림도 없지. 좀 조용히 있으란 말일세."

원폭 피해자 1세와 2세가 같이 힘을 모아도 모자랄 판인데 형률은 정말 답답했습니다. 형률로서는 너무나 괴롭고 힘든 문제였습니다. 이것을 해결하기 위해서라도 같은 처지인 사람들, 원폭 피해 2세 환우들을 찾아 힘을 모아야만 했지요.

'원폭 2세 환우들을 찾으려면 어떻게 해야 할까?'

형률은 두 가지 방법을 생각해 냈습니다. 하나는 형률의 특기인 뛰어난 컴퓨터 실력을 이용해 원폭 2세 환우회 카페를 만들어 환우들을 모으는 것이었어요. 또 하나는 환우들을 직접 찾아 나서는 것이었습니다.

형률은 '한국원폭2세환우회' 온라인 카페를 만들었습니다. 회원이라고는 형률 외에 단 한 명뿐이었습니다. 형률이 처음 만난 원폭 피해 2세이자 첫 번째로 가입한 환우는 피부병으로 오랫동안 고생하고 있었어요. 그 회원의 형제들도 하나같이 피부병에 시달리고 있었습니다.

"삶은 계속되어야 한다."

환우회 카페에 들어가면 항상 뜨는 표어였어요. 형률은

원폭 관련 이메일을 보낼 때도 "삶은 계속되어야 한다"라는 말을 꼭 썼습니다.

이 말은 원폭 피해자 2세 환우도 인간답게 살고 싶다는 절규였지요. 환우들이 건강을 되찾아 생존권과 생명권을 누리고 살 수 있어야 한다는 간절한 꿈이었습니다. 원폭 피해자 문제는 결국 '인권 문제'라는 형률의 뜨거운 외침이었습니다.

원폭 2세 환우를 찾기 위해서는 환우들이 많은 곳으로 가야 했습니다. 바로 부모님의 고향 합천이었습니다. 형률은 일본의 이치바 준코 여사가 쓴 《한국의 히로시마》라는 책을 통해 한국의 원폭 피해자들이 왜 존재하게 되었는지, 합천이 왜 한국의 히로시마인지 알게 되었습니다.

합천은 예로부터 높은 산으로 둘러싸여 농경지가 부족했습니다. 일본의 극심한 수탈 정책으로 굶어 죽는 사람들이 속출했지요. 굶어 죽지 않기 위해 히로시마로 건너간 조선인들 열에 아홉이 합천 사람일 정도였습니다. 그래서 합천 사람들이 원폭 피해를 가장 많이 입었고 고국으로 돌아온 원폭 피해자들이 합천에 많이 살게 되었습니다. 이 때문에 합천이 한국의 히로시마라고 불리게 된 것입니다.

형률은 환우회를 만들기 위해 아픈 몸을 이끌고 합천, 대구, 평택 등 전국을 돌아다녔습니다. 몸이 아픈 원폭 피해자

2세를 만나면 환우회에 가입할 것을 간곡하게 권유했습니다. 단 한 명이라도 더 가입시키기 위해 매 순간순간 목숨을 걸고 환우들을 찾아다녔습니다.

형률은 모래밭에서 바늘을 찾듯 환우들을 찾으려 헤매고 다녔습니다. 심진태 한국원폭피해자협회 합천 지부장은 원폭 1세였지만 원폭 2세 환우의 처지를 누구보다 공감해 주고 지원해 주었습니다. 심진태 지부장은 형률이 환우들을 찾는 데 많은 도움을 준 분입니다.

"가세요! 다시는 전화도 하지 마세요."

힘들게 수소문해 몇 번이나 찾아가도 문 한번 열어 주지 않는 환우도 있었습니다.

"난 원폭 피해자가 아니에요. 왜 귀찮게 찾아와요?"

분명 큰 병을 앓고 있다는 소식을 듣고 찾아갔는데 원폭 2세 환우가 아니라는 사람도 있었습니다. 사회적 차별과 편견의 눈길 때문에 원폭 2세 환우란 사실을 드러내기 두려워하는 사람들이 많았습니다.

"니가 뭔데, 자꾸 그런 데 가입하라카노?"

"원폭 2세 환우회? 그딴 데 가입하면 돈이 나와? 병을 고쳐 줘?"

원폭 피해자 1세들은 원폭 2세 환우를 찾는 형률에게 화

를 벌컥 내며 돌아가라고 소리쳤습니다. 원폭 피해 후유증
이 유전된다는 사실이 알려질 경우 자식들이 받을 차별을
겁낸 것입니다. 형률은 어머니를 보면서 그들의 마음을 너무
나 잘 알고 있었습니다. 자식들을 지켜 주려는 원폭 1세 부
모의 고통스러운 마음을.

형률은 어떤 비난에도 결코 주눅 들지 않았습니다. 멈추거
나 포기하지 않았습니다. 몸은 가장 약했지만, 정신력만큼
은 세상 누구보다 강했으니까요. 형률은 굳센 의지로 환우
회 조직 활동에 더 힘을 쏟았습니다. 온 마음을 다해 한 사
람 한 사람 설득해 환우들을 모아 나갔습니다.

원폭 2세 환우들의 상태는 생각보다 훨씬 심각했습니다.
백혈병, 각종 암, 지적 장애, 피부병, 자궁종양, 다운증후군,
근육병, 무혈성괴사증, 척추 디스크까지 다양한 병에 시달
리고 있었습니다.

형률은 환우회 조직 활동에만 힘을 쏟은 것이 아니었습니다. 원폭 문제를 알리기 위해서 아픈 몸으로 강연도 다니고 집회에도 참석했습니다. 자신의 병에 관한 소견서를 영어와 일어로 번역해 일본에 가서 따지기도 했지요. 언론에 원폭 문제를 알리기 위해 기사를 투고하고 기자들에게 보도를 요청하는 이메일도 자주 보내고 인터뷰도 했습니다. 한 치 앞을 분간하기 힘든 소나기가 쏟아지는 날도 서류 뭉치가 가득 든 배낭을 메고 인터뷰를 하러 나갔습니다.

목숨을 건 형률의 활동을 가장 지지해야만 할 한국원폭피해자협회와 한국 원폭피해자 2세회는 형률의 활동에 여전히 부정적이었습니다. 한국원폭피해자협회와 언론에 실망한 형률은 일본 원폭 단체와 연대하려고 했지요. 그들과 교류하기 위해 일본도 다녀오고 일본어도 열심히 공부했습니다.

형률을 지원하는 일본 시민단체도 있었지만, 일본 피폭

2세회 회장은 형률에게 적대적이었습니다.

"원폭 2세 환우회? 우린 환우란 말도, 환우회도 인정할수 없어요. 유전? 증거 있어요? 형률 씨 병이 의학적으로 원폭 때문에 생긴 유전병이라는 걸 증명할 수 있는 겁니까? 증거를 대 봐요, 증거를!"

회장의 추궁하는 듯한 말에 형률은 심한 충격을 받았습니다. 그 때문에 몸 상태가 나빠져 입원까지 하고 말았습니다. 유전이 안 된다는 증거도 없으면서 유전된다는 과학적인 증거를 내놓으라니! 형률은 기가 막혔습니다.

유전적 인과관계가 없다는 주장은 가해자인 미국과 일본이 원폭 피해자들에게 책임을 지지 않겠다는 말이었습니다. 원폭 피해 후유증의 유전성을 주장하는 것은 핵무기를 만든 미국에 반기를 드는 일이었습니다. 감히 세계 최강대국 미국의 잘못을 따지다니 일본으로선 상상도 하지 못할 일이었지요. 미국 눈치를 보는 일본 피폭 단체는 유전 문제를 꺼내는 형률에게 적대적으로 나왔습니다.

외롭고 힘든 싸움이었습니다. 형률은 동지라고 생각했던 이들의 외면에 큰 상처를 입었습니다. 같은 역사의 상처가 있는 사람들, 같은 생각을 가졌다고 믿었던 이들의 외면이 몸의 아픔보다 더 고통스러웠습니다.

형률은 국가인권위원회에 진정서 접수를 며칠 앞두고 병이 심해져 병원에 누워 있어야 했습니다. 다급한 마음에 발을 동동 굴렀습니다. 보다 못해 아버지까지 나서 의사에게 간곡히 부탁했습니다.

"절대 안 됩니다. 이런 상태로 서울이라니! 형률 씨는 목숨이 두 갭니까?"

의사가 만류했지요. 형률은 외출증을 끊어 달라고 필사적으로 매달렸습니다.

"선생님, 죽는 한이 있어도 꼭 서울에 올라가야 합니다. 제발 부탁입니다."

의사는 혀를 내둘렀습니다. 형률은 겨우 외출 허락을 받고 진정서를 접수하러 서울에 올라갔습니다.

형률의 뜻에 동참하는 여러 시민단체가 모여 만든 단체가 원폭 2세 문제 해결을 위한 공동대책위원회(이하 '원폭 공대위')였습니다. 외로운 싸움을 벌이던 형률에게 큰 힘이 되어 주었지요. 원폭 공대위의 도움으로 국가인권위원회에 원폭 2세 환우에 대한 건강 실태 조사와 의료 지원을 요구하는 진정서를 제출하고 기자회견에도 참여했습니다.

신문과 방송에서는 형률이 인권위에 진정서를 제출하는 모습을 집중적으로 보도해 주었지만 인권위에서는 꿈쩍도 하지 않았습니다.

형률은 진정서를 제출하는 일로 무리한 탓에 몸 상태가 더욱 나빠졌습니다. 새벽이면 기침과 가래가 멈추지 않고 터져 나왔습니다. 발작적인 기침으로 온몸에 식은땀이 줄줄 흘렀습니다. 마른 수건 대여섯 장이 금세 축축해질 정도였습니다. 아버지는 밤새 한숨 못 자고 형률의 등을 두드려 주고 땀을 닦아 주었어요. 형률은 한 시간 넘게 기침을 하고 가래를 뱉어 내다가 제풀에 지쳐 비몽사몽 잠이 들었습니다.

2004년 7월 21일 일본 나가사키현 의사단이 합천을 방문한다는 소식을 들은 형률은 가슴이 뛰었습니다. 방문 목적이 한국의 원폭 피해자에 대한 건강진단이었습니다. 형률은 원폭 2세 환우도 당연히 진료를 받을 수 있다고 믿었습니다. 그래서 원폭 2세 환우들과 함께 건강진단을 받으려고 했지만 피폭자가 아니란 이유로 거부당했습니다.

형률은 일본 의사단과 우리나라 보건복지부에 거세게 항의했습니다. 가슴이 터질 정도로 답답했습니다. 원폭 피해 2세 환우도 엄연히 원폭 피해자인데 왜 진료에서 차별을 당해야 하는지 어처구니가 없었습니다.

2004년 9월 합천에서 한국원폭2세환우회 첫 모임이 있었습니다. 모두 14명이 참석했지요. 형률이 목숨을 걸고 전국을 돌아다니며 환우회 결성에 힘을 쏟은 결과였어요. 이 모임에는 2대 회장인 정숙희 씨와 3대 때부터 환우회를 이끌게 된 한정순 씨도 참석했습니다.

"내 살다 살다 형률 씨같이 질긴 사람 처음 봤어요. 날이면 날마다 우리 집에 전화하고 다섯 번이나 찾아오고, 고래 심줄보다 더 질긴 사람인기라. 몸은 이래 약해도 마음은 강철, 아니 다이아몬드보다 더 단단하다 카이."

환우회 가입을 권하는 형률의 전화를 백 통 넘게 받았다는 한 회원의 말에 사람들이 왁자하게 웃었습니다. 다들 형률의 전화에 시달린 경험이 많았으니까요.

"드러내지 않으면 안 됩니다. 원폭 후유증으로 아픈 것은 창피하고 부끄러운 일이 절대 아닙니다. 아프면 아프다고 말할 수 있어야 합니다! 무슨 일이 있어도 우리 원폭 2세 환우들의 삶은 계속되어야 합니다!"

형률은 모든 힘을 짜내어 외쳤습니다.

아버지 등의 무거운 가방

무거운 가방을 메고 넓은 서울을 다닌 것이
몸을 점점 지쳐 가게 하였다.
_ 김형률의 《일기》에서

"괜안나?"

아버지가 괴롭게 기침을 하는 형률의 등을 두드렸습니다. 아들의 땀을 닦아 주는 아버지의 얼굴에도 땀이 맺혀 있었습니다.

형률은 병든 몸을 이끌고 원폭 피해자 문제를 해결하기 위해 전국 방방곡곡을 쫓아다녔습니다. 그러다 보니 건강이 더욱 악화되었습니다. 늘 입원과 퇴원을 반복했지요.

형률은 보호자용 간이침대에서 토막잠을 자는 아버지를 볼 때면 가슴이 미어졌어요. 남들보다 키가 큰 아버지가 한껏 몸을 웅크리고 잠든 모습이 안타깝기 그지없었습니다.

"넌, 어머니 아버지 고생하는 거 눈에 안 보이냐? 왜 그렇게 쏘다녀서 병을 키워? 집에 가만히 누워 있어도 모자랄 판에!"

형이 형률을 나무랐습니다. 형률은 고개를 떨어뜨리고 듣고만 있었습니다.

형률이 입원하면 치료비를 주로 감당하는 것은 형의 몫이었지요. 형에게 고맙고 미안했습니다. 몇백만 원이나 되는 입원비를 계속 감당하는 일이 얼마나 힘들었겠어요. 형률은 차마 고개를 들 수 없었습니다. 큰 죄라도 지은 것처럼.

다른 사람들 반대는 참을 수 있었지만 가족들의 반대는 너무나 고통스러웠습니다. 가족들에게 이해시킬 수도 없고 미안해서 처음엔 숨기고 활동을 했지요. 온 세상이 형률에게 입을 다물고 가만히 있으라고 했습니다. 조용히 침묵한 채 그냥 있으라고, 소리쳐 봐도 아무 소용없다고요.

아버지는 형률이 무엇을 하든 어떤 모습이든 무조건 아들 편이 되어 주기로 결심했습니다. 죽을 때까지 아들을 지원하기로 마음먹게 된 계기가 있었기 때문입니다.

아버지 김봉대는 전혀 의심하지 않았습니다. 원폭 피해자의 자녀가 병으로 고통받는다면 당연히 한국원폭피해자협회가 앞장서서 도와줄 거라고 믿었지요. 원폭 피해자 2세에게 원폭 피해자 1세는 당연히 부모니까요. 부모는 자식을 절대로 외면하지 못하니까요.

아버지는 원폭피해자협회 부산 지부를 찾아갔어요. 아파도 병원비 때문에 맘 편히 아프지도 못한 아들, 늘 죄책감으로 미안해하는 아들, 약한 몸으로 외롭게 뛰어다니는 아들이 안타까워 부산 원폭 지부에 찾아가 지원을 요청했습니다.

"일본 정부에서는 원폭 피해자 2세를 법적으로 인정하지 않습니다. 원폭 1세 문제만도 벅찹니다. 이 판국에 2세 문제에 어떻게 신경을 쓴단 말입니까? 저희도 원폭 2세를 도와줄 마땅한 방법이 없습니다."

아버지는 기가 막혔습니다.

"일본 정부가 인정을 안 해서 지원을 못 한다꼬? 원폭피해자협회라면 2세들한테 부모 아인교? 어떻게 자식인 원폭 2세의 지원을 거절할 수 있단 말인교?"

아버지는 분노를 삭일 수가 없었습니다.

'원폭피해자협회까지 외면한다면 내 아들은 누가 지켜야 된단 말이고? 두고 봐라. 이 아비가 지킨다. 죽는 한이 있더라도 내 아들 형률이를 지키고 말끼라.'

그날 뒤로, 아버지는 아들이 가는 곳이면 어디든지 함께 했습니다. 언제 쓰러질지 모르는 형률이 자기 병의 뿌리를 찾겠다고 저리 애쓰는데, 그냥 지켜만 볼 수가 없었습니다. 죽는 날까지 아들의 다리가 되겠다고 결심했습니다. 누가 뭐래도 아버지니까요.

형률은 기자들과 인터뷰를 하고 여러 시민단체를 찾아다녔습니다. 형률이 원폭 문제를 알리기 위해 사람들을 만날 때마다 아버지는 한 시간이든 두 시간이든 묵묵히 기다렸습니다. 아버지가 안고 있는 배낭 안에는 아들이 목숨처럼 소중하게 여기는 원폭 관련 서류 뭉치가 가득 들어 있었습니다. 한여름에도 따뜻한 물로 약을 먹어야 했기 때문에 보온병과 여러 가지 약봉지도 있었습니다.

아버지가 안고 있는 그 무거운 배낭은 바로 아들의 귀한 목숨이었습니다. 아버지가 지켜야 하는, 절대로 놓을 수 없는 아들의 생명이었지요.

한 사람 한 사람의 생명은 더없이 연약하고 위태롭지만 가장 고귀한 등불입니다. 단 한 순간도 방심하면 지킬 수 없는 등불이 바로 한 사람의 생명입니다. 바람 한 점에 꺼질 정도로 약하지만, 무서운 어둠을 밀어내는 강한 힘이 바로 한 사람의 생명입니다.

형률은 담배 연기나 탁한 공기를 들이마시면 힘들어했습니다. 숨넘어갈 듯한 기침이 한동안 이어졌지요. 한 시간 가

까이 기침이 멈추지 않아 기진맥진할 때가 많았습니다.

계단을 오르내리는 일이 높은 산을 등반하는 것만큼 힘들었지요. 형률의 폐 기능은 보통 사람의 30퍼센트밖에 되지 않았습니다. 형률은 지하철 계단을 오르내릴 때마다 숨이 차서 몇 계단 오르고 쉬어야 했습니다. 조금만 걸어도 숨이 차고 기침이 발작적으로 튀어나오는, 저주받은 몸이었습니다.

형률이 바라는 것은 작은 것이었습니다. 자전거 페달을 밟으며 바람을 가르며 달려 보는 것, 지하철 계단을 힘차게 오르내리는 것, 꽃향기와 풀냄새를 맘껏 들이켜며 산길을 올라보는 것. 시원하게 숨을 쉴 수 있다는 것만큼 행복한 일이 또 있을까요. 하지만 형률에게는 이 간단한 것들이 달에 가는 것보다 더 어려웠습니다.

아버지는 지하철 계단도 숨이 가빠 제대로 오르내리지 못하는 아들을 업고 어디라도 오르내렸습니다. 아버지는 원폭 관련 자료가 잔뜩 들어 있는 무거운 배낭까지 메고 땀을 뻘뻘 흘리며 4층이나 5층 건물 계단을 오르내리곤 했지요.

형률은 땀으로 축축한 아버지 등에 업혀서 눈물을 자주 훔쳤습니다. 아버지의 등은 아들이 흘린 눈물과 비 오듯 흘린 아버지의 땀으로 금세 축축해졌습니다.

계란으로 바위를 깨뜨리는 싸움

목숨을 담보해야만 겨우 관심 있게 지켜볼 수 있는
현실이 안타까울 따름이다.
_ 김형률의 《일기》에서

오랜만에 온 가족이 집에 모였습니다.

어린 조카들의 웃음소리, 어른들의 이야기 소리, 고소하고
달콤한 음식 냄새, 좁은 집 안이 온기로 가득 찼습니다.

"삼촌!"

조카들이 아파트 2층에 있는 형률의 방에 놀러 왔습니다.
조카들은 컴퓨터가 있는 삼촌의 방과 다정다감한 삼촌을 무
척 좋아했지요.

"삼촌, 게임 해도 돼?"

형률은 빙긋 웃으며 조카들에게 최신 게임을 하게 컴퓨터
를 내주었습니다. 형률은 사진기를 들고 조카들이 웃으며

장난치며 노는 모습을 찍었습니다. 환하게 웃는 형률의 얼굴은 더없이 행복해 보였습니다. 형률은 이 작은 일상의 행복이 눈물겹도록 고맙고 소중했어요. 조카들의 웃음소리가 그 어떤 보석보다 아름다워 가슴이 저릿했지요.

형률은 사진 찍는 것을 참 좋아했습니다. 연기처럼 사라지는 소중한 순간을 붙들어 둘 수 있는 마법의 도구가 바로 사진이었으니까요. 잘 찍은 사진을 들여다보면 삶이 더 귀하고 가치 있게 느껴졌습니다.

형률은 이 아름다운 세상에서 사랑하는 가족과 오래도록 함께하고 싶은 꿈이 있었습니다. 조카들의 모습, 배들이 정박해 있는 항구, 정겨운 산동네의 모습도 사진에 담았습니다. 이 눈물겹도록 아름다운 세상을 오래 가슴에 담아 두고 싶었습니다. 조카들이 커 나가는 보물 같은 순간들을 하나하나 사진으로 기록해 주고 싶었습니다.

형률은 자신과 가장 닮은 조카 건태와 잘 놀아 주었지요. 항상 다정했던 삼촌 형률이 건태를 혼낸 적이 딱 한 번 있었습니다. 고모가 가시는데 TV에 정신이 팔려 배웅 인사를 하지 않았기 때문입니다. 어린 조카가 모든 이들을 존중하는 사람으로 자라길 바라는 마음에 따끔하게 혼낸 것입니다.

그해 겨울은 유난히 추웠습니다. 방 안에 바람이 들어오지 않도록 뽁뽁이를 창문과 벽에 틈도 없이 붙였지요. 감기에 걸리면 곧바로 무서운 폐렴까지 따라오니까요.

"아! 눈이다!"

형률은 탄성을 질렀습니다. 눈이 펑펑 쏟아지고 있었습니다. 거짓말처럼 앞이 안 보일 정도로 온 세상이 흰 눈으로 덮이고 있었어요. 아름다운 광경에 가슴이 먹먹했습니다. 부산에서는 좀처럼 보기 드문 환상적인 풍경이었습니다. 형률은 눈이 쏟아지는 모습을 사진기에 담다가 가만히 바라보았습니다. 아픈 몸 걱정 따위는 던져 버리고 눈 내리는 거리를 한없이 걸어가고 싶었습니다.

서른네 살, 그동안 걸어가 보지 못한 길들이 얼마나 많은지, 앞으로 걸어가야 할 길들이 얼마나 많은지 모릅니다. 새소리가 들리고 꽃향기와 풀냄새가 피어나는 산길을 원 없이 걷고 싶었습니다. 사람들이 소란스럽게 외치는 시장 한가운데를, 크리스마스 캐럴이 울려 퍼지는 혼잡한 거리를 쏘다니고 싶었습니다. 형률은 양 볼을 타고 흘러내리는 눈물을 그대로 두었습니다. 눈물이라도 자유롭게 자신의 길을 갈 수 있도록.

"쿨룩쿨룩!"

형률의 괴로운 기침 소리가 밤새 이어졌습니다. 어제 서울에 다녀오느라 너무 무리했기 때문입니다. 어머니가 등을 두드려 주다 땅이 꺼지도록 한숨을 내쉬었습니다.

"서울 다녀오고 이렇게 아플 것 같으면 다신 서울 가지 마라! 와 이 고생을 사서 하노?"

형률은 원망 어린 어머니의 말에 슬픔으로 가득 찼습니다. 가슴을 쥐어뜯을 듯 기침을 심하게 했습니다. 피를 토할 것처럼 기침하다 겨우 가래를 뱉어 냈습니다. 형률은 고개를 푹 숙였습니다. 태어나서 지금까지 아버지 어머니께 걱정만 끼친 자신의 처지가 원망스러웠습니다.

형률은 어머니가 당신 탓이라고 자책하신다는 것을, 그래서 아들에게 화를 낸다는 것을 잘 알고 있었습니다. 아픈 원폭 2세들을 둔 부모들은 자식 앞에서 죄인처럼 살아왔습니다. 이런 어머니 때문에라도 원폭 2세 환우회 활동을 멈출 수가 없었습니다. 전쟁을 일으킨 일본과 원폭을 떨어뜨린 미국에 진심으로 사죄를 받아 내야만 했습니다. 피해자가 침묵하고 있으면 가해자는 절대 사과하지 않으니까요.

2004년 연말 갑자기 객혈이 심해졌어요. 거리에 신나는 캐럴이 울려 퍼지는 크리스마스인데도 형률은 또 입원해야 했습니다. 또다시 고통스러운 기관지 동맥 색전술을 받았습니다. 새해를 병원에서 맞이해야 했지요.

입원 기간이 길어질 때마다 형률은 간호하는 부모님 걱정, 병원비 걱정에 애가 탔습니다. 가족들 앞에서 너무 미안해 고개를 들 수 없었습니다.

늘어나는 병원비는 눈덩이처럼 가난을 키웠습니다. 가난한 원폭 2세 환우들은 아플 자유도 없었습니다. 형률의 잦은 입원 때문에 가족들이 겪는 고통은 이루 말할 수 없었습니다. 늘 마음의 빚을 안고 살아야 했지요. 원폭 2세 환우와 환우 가족들의 인권을 수호하기 위해 투쟁을 벌이고 있지만, 형률은 가족에게 감당할 수 없는 큰 고통을 주는 것 같아 괴로웠습니다.

형률은 이 싸움을 도저히 멈출 수가 없었습니다. 너무나 아팠기 때문이었습니다. 하루하루가 전쟁이었으니까요. 몸 상태가 나빠질수록 형률의 의지와 열정의 불길은 점점 거세게 타올랐습니다.

형률은 단순히 호소만 한 것이 아니었습니다. 국회로, 보건복지위원회로, 일본대사관으로 쉴 틈 없이 뛰어다녔습니다. 여러 국회의원을 찾아다니고 보건복지부 장관까지 찾아가 원폭 2세 환우 문제 해결을 요구했습니다. 하루하루가 인간의 한계를 시험하는 나날들이었습니다.

원폭 2세 환우 문제를 해결하기 위해 뛰어다닐수록 병은 점점 더 심해졌습니다. 실낱같은 목숨의 심지가 타들어 가고 있었지요. 입원과 퇴원을 반복했습니다. 당장 활동을 중지하지 않는다면 오늘 죽을지 내일 죽을지 모를 만큼 위태로운 상황이었습니다.

'내일 아침에 무사히 눈을 뜰 수 있을까?'

무거운 죽음의 바위가 언제 떨어질지 몰랐습니다. 형률은 아픈 몸보다는 활동을 못 할까 봐 더 불안했습니다. 조금만 움직여도 숨이 가빠 움직일 수가 없었지요. 형률은 원폭 2세 환우들을 위해 하나밖에 없는 자신의 목숨을 바칠 각오를 오래전부터 하고 있었습니다. 언젠가 〈시사인〉 정희상 기자와 인터뷰를 하면서 이런 말을 한 적도 있습니다.

"하늘이 제게 이런 질병을 내린 것은 소외당한 채 죽어 가는 원폭 2세 환우들의 문제 해결을 위해 짧은 생이라도 바치라는 소명으로 여기고 있습니다."

2005년 2월 14일. 원폭 2세 환우 실태 조사 진정서를 낸지 일 년 반이 지나서야 국가인권위원회의 조사 결과가 발표되었습니다. 인력과 비용이 부족해서 유전성의 과학적 규명은 처음부터 불가능한 실태 조사였습니다. 그럼에도 형률의 끈질긴 요구로 60년 만에 국가기관 최초로 실태 조사가 이루어진 것입니다. 금방이라도 부서질 듯한 몸을 가진 청년이 끊임없이 계란으로 바위를 쳐서 이뤄 낸 결과였지요. 바위가 깨지진 않았지만 계란으로도 바위를 깨뜨릴 수 있겠다는 희망의 빛이 보였습니다.

"아버지, 이것 좀 보세요. 원폭 2세의 빈혈이 일반인보다 88나 높대요. 세상에, 이게 말이 돼요?"

형률의 말에 아버지의 눈이 휘둥그레졌습니다.

"뭐? 88배?"

"그뿐 만이 아니예요. 10세 미만의 조기 사망률이 52퍼센트나 된대요. 선천성 기형과 질병이 있는 사람들의 비율이 일반인들보다 훨씬 높아요. 이게 바로 피폭에 따른 유전성 때문이 아니고 뭐겠어요?"

원폭 2세들의 질병 발생 확률이 일반인들보다 몇십 배라는 사실이 실태 조사에서 드러났습니다. 죽어 가는 원폭 피해자 2세 환우의 생명부터 살려야 하는 일이 가장 시급한 일이었지요.

형률은 보건복지부에서 눈에 보이는 조치를 곧바로 취할 거라고 철석같이 믿었어요. 국가인권위원회의 조사 결과도 발표되었으니까요. 하지만 정부는 손을 놓고만 있었지요.

"인권위의 조사 결과를 받아들일 수 없습니다. 피폭과 유전성의 증거를 과학적으로 찾아낸 게 아니지 않습니까? 일본에서 실시 중인 역학조사 결과를 기다려야 합니다. 그때까지는 원폭 2세에 대해 어떤 실태 조사도 할 수 없어요."

형률은 복지부 관계자의 말을 듣고 온몸이 부들부들 떨렸습니다. 일본과 미국은 원폭과 유전 사이에 인과관계가 없다고 주장했습니다. 원폭 피해자들과 후손들에게 절대로 책임지지 않기 위해서였습니다.

"도대체 어느 나라 복지부입니까? 일본의 조사 결과를 왜 기다립니까? 원폭과 유전의 인과관계를 과학적으로 증명하라니? 유전성의 과학적 규명은 30년, 50년, 심지어 100년이 넘게 걸리는 문제입니다. 우선은 죽어 가는 원폭 2세 환우들을 치료해서 생명부터 구해야 하잖아요? 환우들의 목숨은 누가 책임집니까? 다 죽고 나서 책임지겠다는 겁니까? 선지원 후규명, 먼저 지원을 하고 규명은 그다음에 해야 합니다!"

형률은 '선지원 후규명'만이 답이라고 주장했습니다. 병에 시달리던 원폭 피해 2세 환우가 죽고 나서 유전성을 증명해 본들 무슨 소용이겠습니까? 형률은 일단 죽어 가는 사람부터 살리고 보자는 인권과 생명존중의 입장이 있어야만 이 문제를 해결할 수 있다고 생각했습니다.

방사능과 유전 문제로 원폭 2세 환우 문제를 바라보면 해결 방법이 없었습니다. 형률은 인권의 문제로 접근해야 과학적으로 규명하는 길도 열린다고 보았습니다.

원폭 2세 환우들을 보호할 가장 효과적인 무기, 법이 필요했습니다. '원폭 특별법' 제정만이 원폭 2세 환우들의 최소한의 인권, 생존권과 생명권을 지킬 수 있는 유일한 길이었습니다.

형률은 원폭 특별법 제정 운동에 나서기로 했습니다. 전쟁 같은 일상이 아니라 평화롭게 일상을 누릴 권리를 찾기 위함이었습니다.

"진정한 평화는 저절로 주어지는 것이 아니라 만들어 가는 거야."

형률은 계란으로 바위를 완전히 깨뜨리기로 작정했습니다. 바위에 부딪혀 온몸이 산산조각이 나더라도!

붉게 타오른 마지막 불꽃

맥이 가빠진다. 온몸에 힘이 없다.
생각할 힘이 없다.
_ 김형률의 《일기》에서

꽃샘추위가 매서운 기세를 떨치는 2005년 3월 초순이었
습니다. 형률은 기침을 쿨룩거리며 전화기를 붙들고 계속 전
화를 했습니다. 팔뚝에는 링거 줄이 매달려 있었습니다. 터
져 나오는 기침을 가까스로 참고 겨우 말을 했습니다.

"여보세요? 거기 정명수 씨 댁 맞나요?"

"그런 사람 없는데요……"

형률은 수백 통째 전화기를 돌리고 있었습니다. 한 집에
서너 번씩 전화를 거는데 대부분 냉정하게 전화를 끊어 버
리곤 했습니다. 건강하거나 몸에 큰 이상이 없는 원폭 2세들
의 경우는 참석하지 않겠다고, 전화하지 말라고 차갑게 전

화를 끊었습니다.

형률은 몸과 마음이 지쳐서 죽은 듯 누워 있다가 간신히 몸을 일으켜 전화통을 붙들었습니다.

"여보세요."

다행히 대구에 사는 50대 회원과 연락이 닿았습니다.

"김형률입니다. 3월 12일 합천원폭피해자복지회관에서 환우회 모임이 있습니다. 시간 되시면 꼭 참석 부탁드립니다."

"네, 우리 회장님께서 이렇게 고생하시는데 꼭 참석하겠습니다."

참석하겠다는 회원의 대답을 듣자 형률의 얼굴이 모처럼 환하게 펴졌습니다. 그 어느 때보다 몸이 힘들어 일어나기도 쉽지 않았습니다. 살아 있는 것만도 기적일 정도로 몸이 쇠약해져 있었지요.

합천원폭피해자복지회관 강당에는 1차 모임 때보다 훨씬 많은 사람이 참석했습니다. 환우 40여 명과 가족이 모였습니다. 형률은 목숨을 걸고 환우들을 찾아다녔습니다. 일일이 환우들을 찾아다니며 환우 60명을 환우회에 가입시키는 데 성공했지요. 전국 곳곳을 쫓아다니며 500명이 넘는 사람들을 만나고 설득해 낸 결과였습니다.

형률은 가슴 벅찬 표정으로 원폭 2세 환우들을 바라보았습니다. 지금까지 대답 없는 허공에 대고 혼자서 죽어라 외치고 또 외치는 것처럼 아득하고 외로운 순간이 많았지요. 하나밖에 없는 목숨을 바쳐서라도 지켜 주고 싶은 사람들, 원폭 2세 환우들은 또 다른 자신이었습니다. 원폭 2세 환우들의 삶은 무슨 일이 있어도 계속되어야 하니까요.

"원폭 피해 60년 동안, 건강한 우리 1세들도 이렇게 열심히 뛰고 연락해서 스스로의 조직을 만든 일이 없었습니다. 병마와 싸우는 김형률 씨의 이런 열정은 한국 피폭자 운동에 큰 모범을 보여 주는 사례라고 생각합니다."

형률이 하는 일을 항상 응원하고 지원해 주던 한국원폭피해자협회 합천 지부 심진태 지부장이 인사말을 했습니다.

형률은 지금까지 해 온 활동 결과를 힘겹게 보고했습니다. 성한 사람들도 하기 힘든 일을 중환자인 형률이 해내다니, 믿을 수 없을 정도였습니다. 한마디로 기적이라고 모두가 입을 모았습니다.

"우리는 우리의 의지와 무관하게…… 쿨룩!…… 원폭 2세가 되었습니다. 왜…… 우리가 왜 이 고통을…… 쿨룩!…… 고스란히 겪어야 한단 말인가요? 쿨룩쿨룩!…… 우리 개개인의 책임이 아니지 않습니까? 왜…… 쿨룩!…… 정부는 우리의 고통을…… 외면하고 있습니까?"

형률은 숨이 넘어갈 듯 기침을 하다가 겨우 말을 이어 갔습니다.

"누구도…… 쿨룩!…… 우리를 대신할 수 없습니다……. 쿨룩쿨룩…… 가만히 앉아서 호소만 하고 있을 순 없습니다……. 보건복지부와 국가인권위원회 쿨룩쿨룩!…… 일본 대사관을 찾아가고…… 쿨룩! 또 찾아가야만 합니다……. 어렵지만 이렇게 모인…… 쿨룩쿨룩!…… 환우와 가족들이 힘을 모읍시다."

형률은 기침이 자꾸 터지는 바람에 간신히 연설을 마쳤습니다. 박수가 터져 나왔습니다. 형률의 열정에 감동한 사람들은 눈물을 흘리기도 했습니다. 형률은 글을 읽는 것조차 힘들어했습니다. 하는 수 없이 아버지가 대신 읽어 주어야 했습니다.

형률은 모임을 마치고 합천댐으로 가자고 했습니다. 언제 다시 올 수 있을지 모른다는 생각이 들었기 때문입니다. 몇 발자국 걸음을 내딛기도 힘들어했습니다. 사람들의 부축을 받으며 올라가다 형률은 말했습니다.

"너무 힘들어 죽음 앞에 굴복할 것만 같아요."

형률이 이런 말을 한 이유는 육체적인 고통 때문만이 아니었습니다. 지금껏 원폭 2세 환우의 건강 문제를 외면하는 정부의 무책임한 태도 때문이었지요.

형률이 가는 곳이라면 어디든 아버지는 그림자처럼 묵묵히 따라나섰습니다.

"아버지 힘들지요? 저 걸어갈게요."

"아이다, 괜안타!"

아버지의 등은 땀으로 푹 젖었습니다. 아버지는 거친 숨을 몰아쉬며 형률을 등에서 내려놓았어요. 무거운 가방을 메고 업어 주는 것만이 아들에게 해 줄 수 있는 전부여서 아버지는 안타깝기만 했습니다. 형률이 마른기침을 심하게 할 때마다 심장이 녹아내리는 것만 같았습니다. 보온병에서 따뜻한 물을 따라 말없이 내미는 아버지의 눈에는 안쓰러움이 가득했습니다.

형률의 몸은 최악의 상태로 치닫고 있었습니다. 원폭 2세 환우회 활동을 지원하는 원폭 공대위의 회의 참석 때문에 서울과 부산을 오가는 일이 쉽지 않았어요. 형률은 몸도 못 가눌 정도였습니다. 3층 회의실로 올라가는 데 10분이나 걸릴 때도 있었습니다. 회의를 할 때도 기침으로 말을 잇기 힘들어했습니다.

움직이기 힘든 형률을 돕기 위해 아시아평화인권연대 정

귀순 대표가 경기도 군포에 숙소를 마련해 주었습니다. 형률은 4월 11일부터 40여 일간 군포에 머물면서 원폭 특별법 제정 운동에 매진했습니다. 아시아평화인권연대 정귀순 대표는 물심양면으로 형률을 따뜻하게 보살펴 주었습니다.

형률은 원폭 특별법 제정만이 원폭 2세 환우들의 생명을 지키고 삶을 계속되게 만들 수 있다고 믿었습니다. 마지막 남은 힘 한 방울까지 짜내며 전력을 다했습니다. 특별법이 제정되어 의료비와 생활비를 지원받는다면 환우들의 생명을 지킬 수 있을 테니까요.

원폭 공대위에서는 원폭 특별법을 국회에 청원하는 기자 회견을 준비했습니다. 형률은 국회에 제출할 의견 청원서를 작성했습니다. 성명문과 진정서를 작성하고, 회의에 참석하고 인터뷰를 하는 일정이 쉬지 않고 이어졌습니다. 장시간 버스와 기차를 타고 설명회와 공청회에 오갔습니다. 건강한 사람도 쓰러질 만큼의 강행군이었습니다.

"어! 민들레다!"

형률은 아버지의 부축을 받으며 힘겹게 걷다 문득 걸음을 멈추었습니다. 보도블록 틈을 뚫고 노란 민들레 한 송이가 피어 있었습니다. 사람들 발길 아래 밟히지 않고, 기적처럼 피어 있었습니다.

"아버지, 참 아름답네요. 살아 있다는 것은…… 생명은 이렇게 곱고 아름답네요. 이 작은 민들레도 살아 있어서…… 살아 있기에 이렇게 아름답겠지요?"

형률은 한참 동안 민들레를 홀린 듯 바라보았습니다.

'얼마나 살고 싶었으면, 저 민들레를 부러워하겠노? 살아 보겠다고 저리 애를 쓰는데…… 세상 어느 보석보다 귀한 목숨이, 삶이 얼마나 아깝겠노?'

아들의 생명이 조금씩 사라지는 것 같아 아버지는 초조하기 짝이 없었습니다.

드디어 2005년 4월 12일 '원폭 피해자 진상 규명과 지원 대책 촉구 및 특별법 제정을 위한 국회 의견 청원' 기자회견이 열렸습니다. 형률은 국회에 원폭 특별법 청원서를 제출했습니다. 이 모든 것이 형률이 매 순간 목숨을 걸고 활동을 벌인 결과였지요. 한 사람, 두 사람, 세 사람을 움직이고 마침내 세상까지 움직이게 만든 것입니다.

청원서를 제출한 뒤에도 형률은 정부에 대책을 촉구하는 글을 신문에 기고하고 인터뷰를 했습니다. 5월 18일에는 국회도서관에서 열린 원폭 특별법 공청회에도 참가했습니다.

죽음은 형률의 야윈 몸에 들러붙어서 순간순간 목숨을

죄어 왔습니다. 형률은 일분일초도 낭비하지 않고 사력을 다
했습니다. 언제 어느 순간에 죽을지 모르는 삶이었으니까요.

형률은 그 바쁜 와중에 일본 도쿄에서 열리는 '일본의 과
거 청산을 요구하는 국제연대협의회' 심포지엄에 참석하기로
했습니다. 5월 20일부터 24일까지 열리는 회의에 참석하려
고 준비를 하다 형률은 힘들어서 자리에 누워 버렸습니다.

아버지는 불안했습니다. 일본에 못 가게 막아야 한다고 생
각했습니다. 이 무렵 형률은 폐 기능이 20퍼센트로 떨어지
고 몸무게가 32킬로그램으로 줄어든 상태였습니다. 이 상태
로 일본에 간다는 것은 죽음을 의미했습니다. 한 걸음 떼는
것도 힘들 지경이었습니다.

"형률아, 니 요즘 너무 무리하고 있다. 제발 이번에는 일본
가지 말고 좀 쉬어라. 그러다 큰 탈 난데이."

형률은 고개를 저었습니다. 원폭 2세 환우 문제를 알리기
위해서는 그곳이 어디든 갈 각오가 되어 있었기 때문입니다.

"아버지, 너무 걱정하지 마세요. 저, 잘 다녀올게요."

형률은 늘 자신을 위해 팔 걷고 나서서 도와주는 강제숙
원폭 공대위 공동대표와 어머니와 함께 일본 도쿄로 떠났습
니다. 도쿄에서 특별법 제정에 대해 발표를 하고 한국의 원

폭 2세 환우 문제에 대해서 알렸습니다. 마지막 남은 한 방울의 힘을 필사적으로 짜냈습니다. 연일 계속된 강행군으로 지쳐 있던 형률이 아침에 일어나기 힘들어하자 어머니가 흔들어 깨웠습니다.

"형률아, 퍼뜩 일나그라. 와 이리 못 일어나노?"

형률은 겨우 일어나 아침을 먹으러 호텔 식당으로 향했습니다. 잘 걷지도 못하자 어머니가 부축했습니다. 입맛이 전혀 없었지만 식당에서 아침밥을 한술 뜨려는 순간이었습니다.

"김 군!"

형률은 노기 띤 음성에 놀라 뒤를 돌아보았지요. 한국원폭피해자협회 간부 어르신이었습니다. 형률은 자리에서 일어서서 인사를 하려 했습니다.

"자네! 그럼 안 돼! 여기 일본까지 구걸하러 왔나?"

형률은 난데없는 송곳 같은 말에 찔려 비틀거렸습니다. 그대로 자리에 쓰러지듯 주저앉았습니다. 구걸이라니요! 형률은 일본 정부가 한국의 원폭 피해자들에게 진심으로 사죄하고 보상하라고, 책임지라고 요구했습니다. 피해자로서 가해자에게 책임지라고 당당히 요구했는데, 이런 말을 들을 줄 상상도 못 했습니다. 형률은 큰 충격에 가슴을 움켜쥐었습니다. 숨이 쉬어지지 않았습니다.

"형률아! 와 이카노! 정신 좀 차리라!"

어머니가 놀라서 소리를 질렀습니다. 탈진한 형률은 식사도 못 하고 방으로 들어와 드러누웠습니다. 원폭피해자협회 어른이 그런 말을 할 줄은 꿈에도 몰랐지요. 형률이 평소에 존경하던 분이었습니다. 원폭 피해자는 일본에 있든, 전 세계 어디에 있든 원폭 피해자란 판결을 끌어낸 분이었습니다. 형률은 극도로 쇠약해진 몸에 심한 충격까지 겹쳐 갑자기 객혈을 했습니다.

다음 날 급히 귀국한 형률은 계속 객혈에 시달리고 기침을 심하게 했습니다. 귀국한 뒤부터 상태가 급격하게 나빠졌습니다. 며칠 동안 잠도 이루지 못하고 괴로워했습니다.

마음이 갈가리 찢긴 헝겊 같았지만 형률은 다시 마음을 추스르고 자리에서 일어나려 애를 썼습니다. 지금까지 어떻게 달려왔는데 이런 말 한마디에 넘어져서는 안 된다고 생각했습니다. 원폭 특별법을 생각하면 아직 가야 할 길이 멀었으니까요.

2005년 5월 28일, 모두가 깊이 잠든 밤이었습니다. 형률은 간신히 몸을 일으켜 컴퓨터 앞에 앉았습니다. 그 캄캄한 새벽, 불 켜진 형률의 방을 걱정 가득한 눈으로 올려다보는 한

사람이 있었지요. 바로 아버지였어요. 아버지는 심장이 파이는 것 같았습니다.

형률은 새벽 세 시까지 잠들지 않았습니다. 형률과 뜻을 같이하는 사람들에게 '특별법 제정에 대한 2세 환우회의 입장'이라는 제목으로 긴박한 향후 일정을 논의하는 이메일을 부쳤습니다. 손끝 하나 움직이기 힘들었지만, 마지막 남은 기력을 즙을 짜듯 쥐어짜 냈습니다. 형률의 방에 불이 꺼지자 애를 태우던 아버지는 그제야 안도의 숨을 내쉬었습니다.

형률은 자리에 누워 겨우 눈을 붙였습니다. 아침이 되자 숨 막힐 듯 기침이 터져 나왔습니다. 고통스럽게 기침을 하다 피를 쉴 새 없이 토했습니다. 의식을 잃고 쓰러진 형률은 영영 일어나지 못했습니다. 5월 29일 아침 아홉 시경이었지요.

"형률아! 이놈아! 가지 마라! 형률아! 형률아!"

아버지는 아들을 껴안고 미친 듯 부르짖었습니다. 아버지의 온몸은 아들이 쏟은 피로 범벅이 되었습니다. 아버지는 영혼이 산산이 부서지는 것 같았습니다.

태어나서 죽는 순간까지 아팠던 아들. 죽어서야 아픔을 느끼지 않는 평화로운 얼굴이었습니다. 원폭 피해 후유증이 유전된다는 사실을 세상에 처음 알린 형률은 마지막 3년간 활활 타오르는 불꽃보다 더 뜨겁게 살았습니다. 그 여린 어깨에 혼자서 짊어져야 했던 무거운 짐을 내려놓아서일까요, 처음으로 고요하고 아름다운 휴식을 누리는 듯했습니다.

형률이 쏟은 붉은 피가 방바닥과 벽에 뿌려져 있었습니다. 마치 붉은 꽃잎처럼, 붉은 불꽃처럼 보였습니다. 형률의 마지막 흔적이었지요. 붉디붉은 그 핏자국은!

고단한 어깨에 진 짐을 내려놓은 핵의 아이, 형률의 마지막 가는 길에 붉은 꽃잎이 뿌려져 있었습니다. 마치 잘 가라고 손짓해 주듯이.

삶은 계속되어야 한다!

순수와 맑음으로 만나진 자연과 행복해진 내가 그곳에 있었다.
또한 내가 바라던 삶의 모습. 바로 그것이었다.
_ 김형률의 《일기》에서

멀리 바다가 보이는 산동네, 낡고 오래된 수정아파트 3동 206호.

이곳은 형률이 살았던 방입니다. 그리고 죽었던 방이기도 하지요. 형률이 떠나고 아버지는 아침마다 이 방에 와서 향을 피우고 기도를 했습니다. 떠난 아들 형률을 위해 어머니는 이 방에서 12년간 빠짐없이 《지장경》과 《금강경》을 독송했지요. 어머니와 아버지는 한순간도 형률을 잊은 적이 없었습니다.

"아버지, 어머니, 저 형률이에요. 항상 여기 있어요."

아버지는 이 방에 오면 아들의 목소리를 듣는 것 같습니다.

더는 아프지 않다고, 그러니 마음 아파하지 말라고 말해 주는 것 같습니다.

"삼촌! 나, 왔어!"

벌써 대학생이 된 조카 건태도 이 방에 들어올 땐 늘 삼촌을 부르면서 들어오곤 하지요. 삼촌이 아직도 이 방에 그대로 살고 있다는 듯.

형률은 죽었지만 살아 있습니다. 죽은 뒤에 저 먼 하늘나라, 저승이나 극락으로 간다는 말은 그냥 지어낸 말인 것 같습니다. 떠난 이를 그리워하는 사람들, 잊지 못하는 이들이 남아 있는 한 영원히 살아 있습니다. 형률은 죽은 뒤에도 형률의 뜻을 잊지 못하는 이들의 마음속에서 살아가고 있습니다. 기억 속에서 영원히 살아가고 있는 것이지요.

얼마 전에 이 방에서 일본 원폭 3세 설치미술가가 김형률을 추모하며 전시회를 열었습니다.

"이 방에 따뜻하고 강하고 빛나는 아름다움이 있었네요. 그걸 전하고 싶어요."

그 작가의 말처럼 김형률은 따뜻하고 강하고 빛나는 아름다움을 가진 청년이었습니다. 가장 처절한 고통을 겪으면서도 무너지지 않고 인간의 품위와 존엄성을 끝까지 지켰으니까요. 원폭 2세 환우들도 사람답게 살아야 한다는 아름다운 꿈을 끝까지 포기하지 않았으니까요. 그 꿈은 세상 모든 이들이 핵무기 없는 세상에서 평화를 누리고 살아야 한다는 꿈이기도 했습니다.

아들 형률이 죽고 나서 이 방을 다녀간 사람들이 참 많았습니다. 시민활동가, 영화감독, 작가, 기자, 방송국 사람들, 일본인들, 그리고 평범한 시민들. 그야말로 숱한 사람들이 이 방에 왔지요. 울먹이며 이렇게 말한 이도 있었습니다.

"한 사람에게 무거운 짐을 짊어지게 했어요. 가장 무거운 짐을 지게 했어요. 그것도 가장 몸이 아프고 약했던 한 사람에게…… 아드님은 십자가를 짊어진 또 다른 전태일이었습니다. 정말 부끄럽고 미안합니다."

늙은 아버지는 지금 아들이 쓰던 책상 앞에 앉아서 낡은 사진들을 꺼내 들여다보고 있습니다. 아들 어릴 때 사진들입니다. 아버지는 사진을 쓰다듬고 또 쓰다듬고 있습니다.

아버지와 어머니는 1층에 살았고 형률은 2층 이 방에 살았습니다. 병원비도 대기 어려운 형편이었지만 조금이라도 아들에게 편히 지내라고 이 집을 따로 구해 주었지요.

아버지도 어머니도 폭삭 늙었습니다. 아버지는 예전에는 아들을 업고 지하철 계단을 오르내릴 정도로 정정했지요. 어머니는 주름진 얼굴에 검버섯이 많이 피었습니다.

매일 새벽이면 이 방에 와서 《금강경》을 읊조리던 어머니는 요즘 치매가 심해져, 아버지가 잠시라도 집을 비우기 힘듭니다. 어머니는 최근 기억은 없어져도 아직 아들에 대한 기억은 남아 있습니다. 그리고 원폭이 터지던 순간의 기억도 그대로입니다. 그 끔찍한 기억은 죽는 순간까지도 잊지 못할 것입니다.

이 방은 원폭 2세 환우회의 사무실이었고, 세상과 원폭 피해자 환우들을 이어 주던 공간이었으며, 반핵 인권운동의 씨앗을 뿌린 방이자, 지치고 아팠던 형률을 따스하게 안아 주던 위로의 방이었습니다. 기어코 평화의 꽃을 피워 낸 방이었습니다.

이 방에 있는 물건들은 형률이 떠나기 전 그대로입니다. 작은 기념관인 셈이지요. 아버지는 형률이 쓰던 작은 물건 하나도 함부로 버릴 수가 없었습니다. 원폭 문제에 관한 많은 자료와 형률의 수첩과 일기장은 부산 민주항쟁기념관에 기증했지만, 책꽂이에 꽂힌 오래된 책들과 노트, 쓰던 볼펜도 그대로 있습니다. 형률의 모든 것이 들어 있는 컴퓨터도 그대로고, 키보드에는 먼지가 새까맣게 내려앉았습니다. 형률이 떠난 지 13년이나 지났으니 먼지가 안 쌓일 수가 없지요. 입던 옷도 옷걸이에 걸려 있습니다. 아버지는 아들의 모

습이 생생하게 떠오릅니다. 저 베이지색 파카를 사 줬을 때 참 따뜻하다고 웃던 모습이.

"아드님이 떠난 지 13년이 지났는데도 이 방을 지키고 있는 이유가 뭔가요?"

사람들이 아버지에게 이렇게 묻곤 합니다. 아버지는 이렇게 대답하지요.

"내 아들 형률이의 뜻을 잊지 말라고, 기억하라고, 지키고 있는 기라. 이 방은 내 아들 형률이다. 그런 방인데 우예 이 방을……. 이 집을 팔겠노?"

아들의 못다 한 일을 하려고 아버지는 일흔이 넘어 컴퓨터까지 배웠습니다. 아버지는 미국 유엔본부에 가서 시위도 하고, 일본에도 다녀오고, 국가인권위원회 점거 농성도 했지요. 아들과의 약속을 지키려고 강제징용 재판을 오래 해온 최봉태 변호사 도움을 받아 미국에 소송까지 했어요. 원폭을 투하한 책임을 미국에 묻기로 한 그 약속을 지키기 위해.

"아버지, 힘들지 않으셨어요?"

아들 형률이 이렇게 묻는 것 같습니다. 힘들지만 힘들지 않습니다. 아들의 힘으로 살아가고 있으니까요. 아들이 못다 한 일을 해야 하니까요. 아들이 죽고부터는 형률이가 아버지였고 아버지가 형률이었습니다. 아버지는 김형률 혼자만의 아버지가 아니라 아들이 목숨을 바쳐 지키려던 원폭 2세 환우들의 아버지였습니다.

아버지는 형률의 뜻을 이어서 핵무기의 무서움을 알리고 원폭 피해 2세 환우들의 인권 회복 운동에 앞장섰습니다. 아들이 못다 한 일을 열심히 했다고 아버지는 박종철인권상과 민주시민상을 받기도 했지요.

"형률아! 아직 난 그 상을 받을 자격이 없데이. 니가 하고자 했던 일을 아직도 이뤄 내지 못했으니까 말이다. 니가 꿈꾸던 합천원폭자료관도 만들어졌고 원폭 특별법(현 원폭피해자법)도 통과되었다. 하지만 원폭 2세 환우들을 외면한 반쪽짜리 원폭 특별법은 꼭 고치고 말 기다. 전쟁을 일으킨 일본, 원폭을 투하한 미국의 진심 어린 사죄를 꼭 받아 낼 기다. 형률아! 이 아버지는 그때까지 절대로 포기하지 않을 기다."

아버지는 아들을 통해 알게 되었습니다. 평화는 저절로 오지 않는다는 것을, 만들어 가야만 한다는 것을, 목숨 걸고 지키고 싸워야만 온다는 것을.

늙고 병들었지만, 아버지의 이름으로 끝까지 싸울 것입니다. 아들이 뿌린 평화의 씨앗이 열매를 맺는 그날까지, 전쟁과 핵의 고통이 사라지는 그날까지. 넘어지면 일어서서 목이 터져라 외칠 것입니다. 아버지의 이름으로 외칠 것입니다. 아들 김형률이 피를 토하며 외친 것처럼.

"삶은 계속되어야 한다!"

13년 동안 그대로 보존되었던 김형률의 방은 2018년 가을, 그 모습을 잃었습니다. 아들의 방을 지키던 김봉대 님과 이곡지 님이 병으로 쓰러지셨기 때문입니다. 방은 사라졌어도 김형률은 평화의 꽃을 피우는 크고 울창한 나무가 되어 늘 우리 곁에 살아 있습니다.

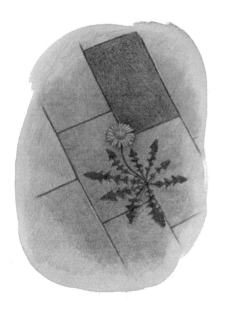

생명에 대한 사랑

누가 제게 가장 아름다운 곳이 어디냐고 물으면 합천 황강이라고 주저 없이 대답한답니다. 어릴 적 뛰어놀던 합천의 그 강변이 가슴 저릴 정도로 그립습니다.

평화로운 풍경은 아름답습니다. 햇살에 반짝이던 은빛 모래, 손가락 사이를 빠져나가던 은어 떼, 강변을 뛰어다니며 맘껏 풀을 뜯던 누렁송아지, 물안개가 피어나던 강기슭, 바람에 흔들리던 수양버들, 그 눈부신 풍경이 아직도 눈앞에 생생하게 떠오르네요. 아마도 황강 주변의 풍경이 너무나 평화로워서 더없이 아름답게 보였을 겁니다.

일제강점기 합천 사람들은 나라를 빼앗기고 일본 히로시마로 건너갔지요. 아름다운 황강을 뒤로한 채 먹고살기 위해 일본으로 건너간 사람들의 머리 위에 어느 날 갑자기 원자폭탄이 떨어졌습니다.

원폭 피해를 당한 이들과 그들의 후손이 어떻게 살아왔는지, 아무도 관심이 없었지요.

해방된 지 60년이 지났지만 원자폭탄이 우리나라에 해방을 가져

다준 고마운 선물이라고 믿고 있던 사람들이 대부분이었습니다. 아무도 원폭 문제에 관심이 없던 때 한 청년이 세상에 대고 피를 토하듯 외쳤습니다.

"나는 아프다! 태어나서 지금까지 단 하루도 안 아픈 날이 없었다! 나는 원폭 피해자 2세다!"

그 청년은 자신이 원폭 피해로 유전병을 앓고 있는 원폭 2세 환우라고 외쳤습니다. 바로 김형률 님이었습니다. 형률 님의 소망은 숨을 제대로 편하게 쉬는 것이었지요. 태어날 때부터 폐 기능이 보통 사람의 삼 분의 일도 안 되었기 때문에 조금만 걸어도 숨이 차고 높은 계단도 오를 수가 없었습니다.

형률 님은 그 아픈 몸으로 원폭 피해의 참상과 고통을 증언했습니다. 그리고 핵 없는 세상을 만들어야 한다고 외치다 서른다섯의 나이에 붉은 꽃처럼 뚝 떨어져 버렸지요.

형률 님의 아버지 김봉대 님은 아들이 세상을 떠난 뒤에도 아들의 뜻을 끝까지 지켜 냈습니다. 아들이 죽은 뒤에도 13년간이나 아들의 방을 지켜 왔던 아버지의 간절한 마음은 무엇이었을까요? 그것은 바로 생명, 살아 있는 생명에 대한 사랑이었습니다. 병에 시달리는 또 다른 원폭 피해 아들과 딸들의 생명을 지키려는 간절한 마음, 사랑이었습니다.

핵을 이겨 낼 수 있는 것은 무엇일까요? 바로 생명에 대한 사랑, 평화를 지키려는 고귀한 마음입니다. 평화는 저절로 오지 않습니다. 그 누구도 대신 지켜 주지 않습니다.

이 땅에서 핵을 사라지게 만들 평화의 꽃 한 송이, 이제는 우리 손으로 피워 내야 하지 않을까요. 평화가 눈부시게 피어난 세상은 가장 아름다운 세상이니까요.

형률 님의 책을 만들어야겠다는, 오래된 약속을 끝까지 지켜 내신 도토리숲 대표님의 올곧은 마음 덕분에 이 책이 나올 수 있었습니다. 병으로 쓰러지고서도 다시 일어나신 김봉대 아버님. 나날이 기억을 잃어 가면서도 아들의 기억을 붙들고 계신 이곡지 어머님. 두 분의 아드님에 대한 사랑에 경의를 표합니다. 그리고 《삶은 계속되어야 한다》는 귀한 책을 먼저 써 주신 전진성 교수님, 이번에도 많은 도움을 받았습니다. 김형률 님을 기억하는 수많은 분들, 형률 님의 귀한 뜻을 지켜 낸 분들, 고맙고 고맙습니다.

김목숙

그분이 꿈꾸던 세상

"핵 없는 세상을 일구기 위해 삶은 계속되어야 한다."

김형률 님의 묘비 앞면에는 이런 글귀가 새겨져 있습니다. 이 묘비는 경상남도 합천에 놓여 있지요. 합천은 김형률 님의 부모님인 김봉대, 이곡지 님의 고향이자 '한국의 히로시마'라고도 불리는 곳입니다.

김형률 님의 마음은 늘 그곳을 향해 있었지요. 합천에는 히로시마에서 원자폭탄의 피해를 입고, 고향으로 돌아와서 힘겹게 살아오신 분들과 그들의 자제분들이 많이 거주하고 계십니다. 반세기 전에 벌어진 남의 나라들 사이의 전쟁 때문에 왜 아직도 이 땅의 많은 사람들이 고통을 받고 있는 걸까요?

김형률 님은 그들의 고통이 눈에 밟혀 도저히 가만히 있을 수가 없었습니다. 누워 있어도 연신 콜록거리던 한없이 병약한 청년은 정작 자신의 고통에는 아랑곳하지 않았습니다.

아픈 몸을 이끌고 전국 방방곡곡을 돌아다니며 원폭 피해자의 고통을 세상에 알리기 시작한 지 3여 년 만에 피를 토하고 세상을 떠났습니다. 김형률 님이 우리 곁을 떠나신 지도 벌써 15년이 지났습니다.

아직껏 살아 계시다면 50세가 되었겠군요. 영원히 청년의 모습으로 우리에게 남아 있는 분. 왜 그분이 그토록 처절하게 피를 토하며 끝까지 외쳤는지 묻지 않을 수 없습니다.

대체 무엇이 그토록 간절했던 건가요? 자신의 고통을 이겨 내는 것이, 본인의 삶을 계속하는 것만이 목적이었다면 그냥 다 포기하고 누워 있는 편이 그나마 나았을 겁니다. 그러나 김형률 님은 그저 불행한 개인이 아니라, 한국인 원폭 2세 환우로서 자신의 운명을 자각하고 분연히 일어섰습니다. 그리고 이 책에 나오는 김옥숙 작가님의 표현대로 "계란으로 바위를 깨뜨리는 싸움"에 나섰습니다.

김형률 님이 세상에 그토록 전하고자 했던, 그래서 이루려고 했던 것은 대체 무엇이었을까요? 그분이 꿈꾸던 세상은 과연 어떠한 세상이었을까요?

핵 없는 세상은 평화로운 세상입니다. 사람이 사람을 적대시하지 않고 서로 존중하는 세상입니다. 하지만 과연 그런 세상이 가능할까요? 그저 몽상가들의 부질없는 꿈에 불과한 것이 아닐까요?

오래도록 병상에만 누워 있던 환자의 푸념에 지나지 않는 걸까요? 확실히 세상이 천국이 되는 일은 결코 없을 겁니다. 인간이란 맹수의 본성을 지니고 있습니다. 물론 맹수에게는 없는 잔꾀도 지니고 있지요.

인간은 과거와 마찬가지로 현재도, 아마 미래에도 변함없이 각자의 이익을 위해 서로 물고 뜯고 싸울 겁니다. 그렇지만 놀랍게도 인간은 잘못을 반성하는 사고력도 동시에 갖추고 있지요. 그래서 너무

지나친 악은 금지하려고 노력도 합니다. 핵이야말로 우리 인간이 결코 허용해서는 안 되는 악마입니다.

대를 이어 지속되는 원폭 피해자의 고통이야말로 가장 확실한 증거입니다. 핵을 철폐하고 평화로운 세상을 만든다는 것은 우리가 생존하기 위해 필요한 가장 기본적인 조건입니다. 우리는 모두 자신의 삶이 계속되기를 원하지 않습니까?

김형률 님도 삶이 계속되기를 원했습니다. 그러나 그분은 우리와는 좀 달랐습니다. 그는 자신의 삶이 오래 지속될 수는 없다는 사실을 잘 알고 있었습니다. 그래서 자신이 바라던 일을 달성할 때까지는 꼭 살 수 있기를 간절히 원했습니다.

김형률 님은 어찌 보면 순교를 앞둔 성직자 같아 보이기도 합니다. 그분은 평생 병상을 오갔던 자신의 불행한 경험을 통해 파국의 위험성을 직감했던 것 같습니다. 핵이 가져올 대재앙 말입니다.

미래의 파국을 막기 위해 그분은 자신의 목숨을 내던지며 우리에게 경고의 메시지를 전해 주었습니다. "핵은 우리 삶과 결코 공존할 수 없다!" 이러한 절박한 경고를 통해 당시 같은 고통을 겪고 있던 원폭 2세 환우들, 더 나아가 우리 모두의 삶을 계속하게 하기 위해 그분은 자신을 희생했던 겁니다.

김형률 님이 생전에 말하던 핵은 늘 핵무기였습니다. 자신이 원자폭탄 피해자였으니까요. 그러나 그분이 돌아가신 뒤 우리는 핵무기 못지않게 위험한 핵에 대해 새롭게 눈을 뜨게 되었습니다.

2011년 3월 11일에 발생한 일본 후쿠시마 원전 사고는 우리에게 핵발전소의 위험성을 깨닫게 해 주었습니다. 김형률 님이 살아 계셨다면 분명히 앞뒤 가리지 않고 핵발전소 철폐 운동에 나섰을 것입니다.

핵무기가 무색할 만한 대재앙을 가져와 우리의 삶을 앗아갈 것이 불을 보듯 뻔하기 때문입니다. 김형률 님이 반핵 평화 운동에 나섰던 가장 큰 이유는 핵이 우리의 생명을 위협하기 때문이었습니다. 어떠한 이유로도 핵무기와 핵발전소는 용인되어서는 안 됩니다.

핵을 무기가 아니라 평화적으로 이용한다는 구실은 다 허위입니다. 생명을 위협하는 평화란 있을 수 없습니다.

김형률 님이 떠나고 난 뒤, 그분의 뜻을 받들려는 많은 사람들의 노력으로 10여 년 만에 마침내 한국인 원폭 피해자를 돕는 특별법이 제정되었지만 아직도 갈 길이 멉니다.

원폭 피해자들의 고통은 끊이지 않고 우리나라 동해안에 즐비하게 늘어선 핵발전소에서는 불안한 소식이 연이어 들려옵니다. 우리는 위험 속에 방치되지 않기를 원하며, 세상을 쥐락펴락하는 거대한 탐욕들 앞에서 우리의 정당한 목소리가 존중받기를 원합니다.

우리는 우리의 삶을 알뜰하게 꾸려 나갈 수 있는 안전하고 평화로운 세상을 원합니다. 그것은 바로 김형률 님이 꿈꾸던 세상입니다.

전진성

(부산교육대학교 교수, 김형률을 생각하는 사람들 회원)

평화의 불꽃이 된 핵의 아이,
형률이

지난 20세기는 오랜 시간이 지나고 나면, 역사가들은 '제국주의'와 '핵'의 세기였다고 평가할 것입니다.

제국주의와 핵이라는 두 개의 십자가를 진 존재가 한국인 원폭 피해자들입니다. 평화로운 세상을 만드는 것은 제국주의와 핵의 십자가를 진 피해자들에게 정의를 회복해 주는 과정에서 완성된다고 생각합니다.

김형률 님은 원폭 2세 환우회 초대 회장으로 이런 시대적 사명을 오롯이 진 채 불꽃같이 살다가 갔습니다.

2002년 3월 대구에서 기자회견을 하면서 원폭 2세로서의 고통을 호소하고, 3년간 정의를 회복하기 위해 헌신적으로 활동하였습니다. 2005년 5월 29일 세상을 떠났지만, 김형률이 남긴 과제는 남은 인류가 함께 감당하여야 할 몫이 되었습니다.

지금 한국과 일본은 일제강점기 피해자들의 인권 문제가 해결이 되지 않아 갈등이 계속되고 있습니다. 하지만 이런 갈등은 봄이 오기 전의 꽃샘추위라 생각합니다. 아울러 이런 갈등을 해결하여 인류에 대한 평화로 이어져야 할 것입니다.

김형률 님이 못다 이루고 간 싸움은 현재 부모님과 다른 원폭 2세들이 이어서 하고 있습니다. 미국 정부와 군산복합체를 상대로 한 투쟁이 좁은 협곡의 우여곡절을 거쳐 흘러 결국에는 정의의 바다로 나아가 핵무기 없는 세상으로 승화되길 기원합니다.

이 항해에 김형률은 큰 나침반이 될 것입니다.

오랜 기간 원폭 피해자들의 고통에 공감하여 글로써 아픔을 대변해 온 김옥숙 작가의 《김형률》 책을 통해 김형률의 뜻을 함께 나눌 수 있는 친구들이 많이 생기기를 기원합니다.

최봉태

(대한변호사협회 일제 피해자 인권위원회 위원장)

한국 원폭 2세 환우란?

2005년 2월 21일 카페에 쓴 글

한국에는 원폭(原爆) 후유증을 앓고 있는 '원폭 2세 환우(患友)'가 한국 정부 발표에 따르면 2,300여 명이 있다고 합니다. [한국보건사회연구원, 〈원폭 피해자 실태 조사〉, 1991년]

한국 원폭 피해자들의 단체인 한국원폭피해자협회에는 원폭 피해자 1세대가 회원으로 2,200여 명이 등록되어 있습니다. 원폭 피해자 1세대의 자녀들인 원폭 2세는 7,000명에서 1만 명 정도로 추정하고 있습니다. 원폭 2세들 중 원폭 후유증을 앓고 있는 환우는 전체의 30퍼센트를 차지하고 있습니다. 이처럼 원폭 2세들이지만 건강한 원폭 2세들은 정상인들처럼 평범한 삶을 누리면서 살아가는데 반해 다양한 원폭 후유증을 앓고 있는 원폭 2세 환우들은 평생을 질병과 장애로 죽음보다 더한 고통의 삶을 살아가고 있습니다.

'한국원폭2세환우회'는 이와 같이 원폭 후유증을 앓고 있는 원폭 2세 환우들에 대해 인간 된 권리와 존엄성을 스스로 되찾기 위해서 만들어졌습니다.

아울러 환우회는 원폭 2세 환우로서 존재할 수밖에 없는 역사적·사회적인 필연의 관계와 모든 소외의 상황을 자각하면서 원폭 2세 환우들이 서로 생명의 버팀목이 되어 원폭 2세 환우들의 건강권과 생존권, 생명권까지 위협받고 있는 현실을 인식하고, 국가권력에 부당하게 인간성(人間性)과 정체성(正體性, Identity)을 부정당하고 있는 현실적 모순을 극복하기 위해 노력하고 있습니다.

원폭 2세 환우들은 다양한 질병과 장애로 정상적인 인간의 삶을 살아가지 못하고, 항상 건강과 미래에 대한 불안 속에서 사회적·경제적으로 빈곤과 소외의 삶을 살아갈 수밖에 없는 현실에 놓여 있습니다. 원폭 후유증을 앓고 있는 원폭 2세 환우들은 일본 제국주의의 침략 전쟁과 미국의 핵 헤게모니 전략 때문에 존재하게 된 원폭 피해자들입니다. 부당한 국가권력으로 원폭 2세 환우들은 평생을 병마 때문에 인권이 유린된 채 지난 60년 동안 생존권과 생명권의 위협 속에 살아가고 있습니다.

이처럼 원폭 2세 환우는 부당한 국가권력에 의해서 존재할 수밖에 없는 원폭 피해자임에도 불구하고 지난 60년 동안 다양한 질병과 장애로 인해 빈곤과 사회적 소외 속에서 최소한의 인간적인 삶을 보장받지 못한 채 사회의 약자로 인권의 사각지대 속에서 인간의 존엄성마저 부정당하여 왔습니다.

그것은 전체 한국 원폭 2세들 중 건강하지 못한 원폭 2세 환우들과 건강한 원폭 2세들이 사회적·경제적으로 겪는 삶의 모습과 현실의 입장들이 서로 다르다는 것을 의미하는 것일 것입니다. 또한 이런 차이로 현실을 인식하는 방법과 실천 행위에 있어서도 뚜렷한 대비를 보이고 있습니다. 참혹한 자기 현실에 대한 '절박함' 속에서 살아야 한다는, '생존'에 대한 자기 의지와 희망을 품고 살아가지 않으면 누구도 '원폭 2세 환우'들의 삶을 지켜 낼 수 없다는 것을 잘 알고 있기 때문입니다.

매일 전쟁과도 같은 고통스러운 일상의 모습을 세상에 드러내지 않으면 누구도 매일매일 사멸해 가는 '원폭 2세 환우'들의 삶을 알릴 수 없으며, 전쟁과도 같은 삶을, 인권이 유린되어 살아가도록 '강요' 하는 국가권력의 부당한 폭력을 막을 수 없기 때문일 것입니다.

원폭 2세 환우분들은 다양한 질환을 앓으며 고통스럽게 삶을 이어 가고 있습니다.

무혈성괴사증, 다운증후군, 지적 장애, 골다공증 등 평생 동안 병마로 삶을 유린당해야 하는 현실을 그대로 짊어지기에는 원폭 2세 환우라는 삶은 녹록하지 않습니다.

그리고 원폭 2세 환우들을 낳아 기르신 어머니들의 눈물과 한(恨)이 서려 있습니다.

누구나 결혼하여 건강한 자식을 낳아 행복하게 살아가는 것이 작은 소망일 것입니다.

이것은 부정할 수 없는 천부(天賦)의 권리일 것입니다.

자신의 의지와는 무관하게 원폭 피해자가 되어 건강하지 못한 자식을 두게 된 어머니는 형언할 수 없는 죄 아닌 죄의식으로 가족과 사회로부터 소외와 차별을 받으며, 어머니로서 여성으로서 모든 권리를 박탈당하는 삶을 살아가고 계십니다.

어머니 이전에 한 여성으로서 원폭 2세 환우를 둔 현실은 참으로 감내하기 힘든 것입니다.

그 삶은 무엇으로도 표현하기 힘든 현실의 무게입니다.

그것은 혼자서 감내할 수 없는, 여성의 몸으로 원폭 피해자라는, 원폭 2세 환우를 둔 어머니로서 몇십 년 동안 아무도 인정해 주지 않은 삶의 무게를 고스란히 떠안고 살아가지만 아무도 책임져 주지 않으며, 한 여성으로서 모성으로서 모든 권리를 박탈당하며 낮은 숨소리로 살아가야만 합니다.

왜 우리 어머니들은 어머니로서, 여성으로서 권리를 누리지 못하고 죄 아닌 죄의식 속에서 평생을 살아가야 하는지 이제는 국가와 사회가 그 물음에 답해야 할 것입니다.

더 이상 국가와 사회는 원폭 후유증을 앓고 있는 원폭 2세 환우들과 원폭 피해자 가족들의 삶을 외면해서는 안 된다고 생각합니다.

인간으로 태어나 인간답게 살고 싶은 것은 누구나 가지는 작은 희망일 것입니다.

최소한의 인간다움도 유지하지 못하고 살아가는 많은 원폭 2세 환우들과 원폭 피해자 가족들을 더 이상 방치한다는 것은, 국가권력의 폭력이며 인권유린이라고 생각합니다.

일본 제국주의 침략 전쟁 범죄의 피해자이면서 핵 피해자들인 원폭 2세 환우와 원폭 피해자 가족들은, 원폭 피해자 문제가 결코 개인의 문제가 아님에도 불구하고 국가와 사회는 개인의 문제로만 인식하도록 강요하여, 원폭 2세 환우 스스로 인간의 존엄성을 포기하거나 인간 된 권리를 다 누리지 못하고 사회로부터 소외와 차별을 받으며 고통스러운 삶을 이어 가고 있습니다. 모든 사람은 인간의 존엄성을 지니며, 인간다운 생활을 영위할 권리를 가져야 한다고 생각합니다.

한국원폭2세환우회는 이와 같이 원폭 피해자 문제를 오직 개인의 문제로만 강요하는 부당한 국가권력에 맞서 원폭 후유증을 앓고 있는 한국 원폭 피해자와 원폭 2세 환우들의 인권 회복과 명예 회복을 위해서 노력할 것입니다.

한국원폭2세환우회
대표 김형률

아프면 아프다고 말하고 싶습니다

2005년 3월 7일 카페에 쓴 글

국가인권위원회의 '원폭 2세 실태 조사'가 발표되면서 한국원폭2세회와 일본원폭2세회에서 실태 조사에 대한 여러 의견들을 표명하고 있습니다. 한·일원폭2세회에서는 그동안 상호 교류를 통해 함께 활동하고 있으며 일본 정부의 피폭자원호법에 원폭 2세도 법적으로 피폭자로 인정해 달라는 운동을 펼쳐 오고 있습니다.

한·일원폭2세회에서는 그동안 저와 한국원폭2세환우회 활동에 부정적인 입장을 가지고 있었습니다. 일본원폭2세회에서는 한국원폭2세환우회를 인정하지 않고 있으며, 그로 인해 한국원폭2세회에서도 한국원폭2세환우회를 인정하지 않으려는 입장을 최근까지 가지고 있었습니다.

저와 같이 원폭 후유증을 앓고 있는 원폭 2세 환우들이 언론에 나왔을 때, 건강한 원폭 2세들에게까지 유무형의 피해를 입히며 사회적으로 전체 원폭 2세들에 대한 오해와 차별이 생길 수 있다는 우

133

려의 목소리를 그동안 한·일원폭2세회에서 저에게 밝혀 왔습니다.

일본원폭2세회에서는 그동안 저의 호소하는 방법에 대해 강하게 반대하고 있으며 국가인권위원회의 '원폭 2세 실태 조사'에 대해서도 절대로 인정할 수 없다고 하였습니다. 그리고 한국원폭2세환우회가 그동안 잘못된 방법으로 호소를 하여 전체 원폭 2세들에 대한 오해와 차별만 넓어졌다고 생각하고 있습니다.

저는 그동안 아프면 아프다고 호소했을 뿐이었습니다. 그리고 원폭 후유증을 앓고 있는 원폭 피해자로 인정하고 의료 원호와 생활 원호를 해 줄 것을 한일 정부와 한일 사회에 호소했을 뿐이었습니다. 그러나 같은 원폭 피해자인 한·일원폭2세회에서 저와 한국원폭2세환우회의 활동으로 전체 원폭 2세들이 오해와 차별을 받는다고 말하는 것은 부당하다고 생각합니다. 저와 원폭 2세 환우들은 인권을 스스로 지키기 위해서 노력해 왔을 뿐입니다. 저와 한국원폭2세환우회 활동으로 건강한 원폭 2세들이 피해를 입는다고 말하며 아프면 아프다고 호소하지 못하도록 억압하는 것은 인간의 천부인권 (天賦人權)을 무시하는 것이라고 생각합니다.

2003년 7월 부산에서 있었던 '한·일원폭2세회 심포지엄' 때에 있었던 일들을 말씀드리고 싶습니다. '한·일원폭2세회 심포지엄'은 7월 26일 개최될 예정으로, 7월 20일에 한·일원폭2세회 실무진이 부산에서 모여 심포지엄 진행을 위한 사전 모임을 가졌습니다. 모임에는 한·일원폭2세회 회장과 운영진이 모였습니다. 저는 심포지엄 발표자 자격으로 참석하게 되어 발표문을 한글과 일본어로 준비하여 참석하였습니다.

'전국피폭2세단체연락협의회'라는 일본원폭2세회 대표를 맡고 계시는 히라노 노부토(平野伸人) 회장님께 심포지엄에 발표할 발표문인 '한국 원폭 2세 환우 문제와 인권 회복'을 일본어로 번역하여 보여 드렸습니다.

히라노 회장님은 제 발표문을 보신 후 심포지엄에서 '환우(患友)'라는 용어를 쓸 수 없으며, '한국원폭2세환우회'라는 단체에 대해서도 인정할 수 없다고 하셨습니다. 그리고 제 병(선천성 면역글로불린 결핍증)에 대해서 의학적으로 원폭에 의한 유전병인지 증명할 수 있느냐고 거듭 주장하셨습니다.

제 병에 대해서 문헌상으로는 증명이 되었다고 생각하며, '원폭과 유전'에 대해서는 한 개인이 해결해야 할 문제가 아니며 국가가 나서서 올바른 진상 규명을 해야 한다고 말씀드렸습니다. 그리고 저와 같이 원폭 후유증을 앓고 있는 원폭 2세 환우들에 대한 생존권 보장을 위해서 함께 노력했으면 좋겠다고 말씀드렸습니다.

그렇지만 히라노 회장님은 저의 상황에 대해 받아들일 수 없다고 하시면서 제게 심포지엄에 '환우회(患友會)'와 '환우'라는 이름으로 참가할 수 없다고 하였습니다. 그 당시 심포지엄에 발표할 발표문을 들고 히라노 회장님을 만났지만, 결국 저는 건강이 악화되어 병원에 입원하여 심포지엄에 참가하지 못했습니다.

같은 원폭 2세로서, 같은 입장에 놓인 사람으로서 열심히 심포지엄에 발표할 발표문을 썼지만 한·일원폭2세회 어디에도 한국원폭2세 환우회와 저의 상황(원폭 2세 환우)에 대해 받아들여질 수 없는 현실이 한동안 괴로웠습니다.

히라노 회장님께서 제 병에 대한 인과관계를 의학적으로 증명하라고 주장하는 것에 대해 부당하다고 생각합니다. 위에서 말씀드렸지만 '원폭과 유전' 문제는 한 개인이 해결해야 할 문제가 아니라, 국가와 시민사회가 해결해야 할 문제이며, 올바른 진상 규명을 위해서 국가와 시민사회가 사회적 합의를 위한 노력들을 해야 한다고 생각합니다.

그리고 지금 쟁점이 되고 있는 원폭 2세 환우에 대한 '원폭에 의한 유전' 문제는 의학적·과학적으로 해결할 수 있는 문제가 아니며, 원폭 2세 환우 문제는 '인권'의 문제로 인식하고 풀어 가야 한다고 생각합니다. 지난 59년 동안 일본 정부와 미국 정부는 '원폭에 의한 유전' 문제를 왜곡하거나 은폐하여 왔습니다. '원폭에 의한 유전' 문제가 국가권력에 따라 의도적으로 은폐되고 왜곡되어 온 것을, 한 개인에게 증명하라고 요구하는 것은 부당한 행위를 넘어 인권을 유린하는 행위라고 생각합니다. '선천성 면역글로불린 결핍증'이라는 원폭 후유증으로 20여 차례 폐렴이 재발하여 이미 폐 기능이 70퍼센트 이상 상실되어 있고 30퍼센트만 가지고 죽음보다 더한 고통의 삶을 살아가고 있는 저에게 '원폭과 유전'에 대한 인과관계를 규명하라고 강요하는 것은 부당한 것이며 명백한 인권유린 행위인 것입니다.

한·일원폭2세회 심포지엄을 통해서 한국 사회와 일본 사회에 저의 발표문을 이용해, '아프면 아프다'고 말하고 싶었습니다. 그러나 아프면 아프다고 말하지 못하도록 억압하는 것은 심리적인 폭력 행위이며 인권 억압인 것입니다.

그 이후로 건강한 원폭 2세와 건강하지 못한 원폭 2세 환우들이 겪는 현실에는 하늘과 땅만큼 큰 차이의 현실 인식이 존재한다는 것을 알게 되었습니다. 저와 같이 원폭 후유증을 앓고 있는 원폭 2세 환우들을 위한 환우회 활동이 더욱더 필요하다는 것을 인식하게 되었습니다. 원폭 2세 환우들이 원폭 후유증으로 고통받고 있는 현실의 목소리를 체계화하면서 국가와 사회에 생존권 보장을 위한 법적인 보호를 요구해야 한다고 생각합니다. 앞으로 원폭 2세 환우들의 인권을 스스로 지키기 위해서는 보다 많은 시간과 노력이 필요할 것입니다.

한국원폭2세환우회는 '원폭 2세 환우 문제'를 '인권 문제'라고 생각합니다.

아울러 장애우 인권 문제로 인식하며 모든 사안에 대해 인권으로서 풀어 가야 한다고 생각합니다. 인간으로 태어나 인간답게 살고 싶은 것은 누구나 가지는 희망일 것입니다. 모든 사람은 인간의 존엄성을 지니며, 인간다운 생활을 영위할 권리를 가져야 한다고 생각합니다.

일본 제국주의 침략 전쟁 범죄의 피해자이면서 핵 피해자들인 원폭 2세 환우와 원폭 피해자 가족들은, 원폭 피해자 문제가 결코 개인의 문제가 아님에도 불구하고 국가와 사회는 개인의 문제로만 인식하도록 강요하여, 원폭 2세 환우 스스로 인간의 존엄성을 포기하

거나 인간 된 권리를 다 누리지 못하고 사회로부터 소외와 차별을
받으며 고통스러운 삶을 이어 가고 있습니다.

  원폭 후유증을 앓고 있는 원폭 2세 환우와 원폭 피해자 가족들에게
'원폭에 의한 유전' 문제와 차별 문제를 국가와 사회는 지난 59년 동안
왜곡과 은폐를 통하여 원폭 피해자 문제를 올바르게 해결하지 못하도
록 방치한 책임이 있다고 생각합니다.

  건강한 원폭 2세들이 원폭 후유증을 앓고 있는 원폭 2세 환우들
의 문제를 자기 문제화하고 이해하여 함께 원폭 피해자 문제를 해결
해 나갈 수 있었으면 좋겠습니다. 전체 원폭 2세들에게 강요되고 있
는 '차별' 문제는 국가권력으로 구조화되어 확대재생산되었습니다.
차별을 해소하기 위해서는 국가와 사회가 나눠 해결할 문제이며 결
코 개인 스스로 해결할 수 있는 문제가 아니므로, 전체 원폭 2세들
에게 강요되고 있는 차별 문제는 사회적이며 역사적인 문제라는 것
을 인식하여 함께 차별을 극복할 수 있는, 서로 노력하는 모습과 실
천 의지가 필요하다고 생각합니다.
  끝으로 작년 가을 서울 면목동에 있는 녹색병원에 한 달 반 동안
입원했을 때 읽었던 홍세화 선생님께서 쓰신 《나는 빠리의 택시운전
사》를 통해 '똘레랑스'를 처음 알게 되었으며, 똘레랑스를 통해서 늘
마음의 무게로 존재했었던 건강한 원폭 2세와 원폭 후유증을 앓고
있는 원폭 2세 환우 사이의 간극(間隙)을 좁힐 수 있는 실마리를 찾

고자 하였습니다.

홍세화 선생님께서 말씀하시는 '똘레랑스'는 잘 모르지만, 이와 같이 원폭 피해자 사이에 존재하는 문제에 대해 올바른 해결 방법으로서 '똘레랑스'의 의미를 다시 되새겨 보고 싶습니다.

당신의 이념과 신념이 당신에게 귀중한 것이라면 남의 그것들도 그에게는 똑같이 귀중한 것입니다.

당신의 그것들이 존중받기를 바란다면 남의 그것들도 존중하십시오.

이것이 바로 똘레랑스의 요구이며 인간 이성의 당연한 주장입니다.

똘레랑스는 당신에게 당신과 다른 것을 인정하라고 말합니다.

이웃을 인정하고, 외국인을 인정하고 또한 당신과 다른 생활방식, 다른 문화를 인정하라고 요구합니다.

똘레랑스는 당신이 존중받기를 원하면 우선 남을 존중하며, 당신의 정치적 이념과 종교적 신념이 존중받기를 원하면 우선 다른 사람의 정치적 이념과 종교적 신념을 존중하며, 당신과 다른 인정과 국적을 가진 사람을 존중하며 그리고 당신과 다른 생활방식과 문화를 존중하라고 요구합니다.

한마디로 '당신 것'이 존중받으려면 '남의 것'부터 존중하라는 요구인 것입니다.

실제 사회생활에서 똘레랑스는 소수에 대한 다수의, 소수민족에 대한 대민족의, 소수 외국인에 대한 다수 내국인의, 약한 자에 대한 강자의, 가난한 자에 대한 가진 자의 횡포를 막으려는 이성의 소리로 나타납니다.

그리고 권력의 횡포로부터 개인을 보호하려는 의지로 나타납니다.

    일본 제국주의의 불법적인 침략 전쟁으로 존재할 수밖에 없는, 미국의 핵무기 희생자들인 한일 원폭 피해자들이 대동단결하여 원폭 피해자로서 당당한 법적인 권리를 되찾아 인권 보장과 인권 회복을 위해 노력해야 한다고 생각합니다. 한국원폭2세환우회도 원폭 피해자들의 인권 보장과 인권 회복을 위해 노력할 것입니다.

한국원폭2세환우회

대표 김형률

해방 60주년, 원폭 60주년

한국의 히로시마,
'합천'을 다시 기억해야 합니다

2005년 3월 7일 카페에 쓴 글

2003년 8월 출판된 《한국의 히로시마》에는 일제강점기의 합천군과 합천 농민들이 왜 일본 히로시마로 도일할 수밖에 없었는가에 대한 역사적인 규명과 아울러 1945년 히로시마와 나가사키에서 원자폭탄에 피폭당하여 한평생 원폭 후유증으로 삶이 유린된 채 살아가는 모습을 담고 있습니다. 그들은 건강권과 생존권을 법적으로 보장받지 못한 채 사회적인 소외 속에서 질병과 가난이 원폭 2세 환우들에게도 대물림되고 있었습니다.

이처럼 원폭 피해자 가족들이 겪는 정신적, 육체적, 사회적인 고통들은 개인의 문제가 아닌 국가와 사회의 문제라는 것을 한국 시민사회가 인식해야 한다고 생각합니다.

특히 저를 비롯한 원폭 후유증을 앓는 2,300여 명의 '원폭 2세 환우'들이 있는 원폭 피해자 가족들에게는 형언하기 어려운 정신적, 육체적 고통의 가족사들을 저마다 가슴에 담고 살아가고 있을 것입니다. 21명의 원폭 2세 환우들의 이야기가 담긴 《핵의 아이들》을 읽으면서 저와 다르지 않은 현실 인식과 병마 때문에 미래에 대한 불안감, 아무도 인정해 주지 않은 자기 질병에 대한 사회의 무관심에서 오는 소외감 등 한 개인, 한 가족들이 이겨 내기에는 '원폭 2세 환우'와 '원폭 피해자 가족'이라는 멍에는 견뎌 내기 힘든 현실임을 느꼈습니다.

2005년은 한국 사회와 일본 사회가 해방 60주년과 원폭(전후) 60주년을 맞이합니다.

이것은 한국 사회와 일본 사회가 가지는 각기 다른 역사 인식과 사회 인식 때문일 것입니다. 일본 정부와 일본 사회는 지난 59년 동안 세계 유일한 '원폭 피해국'이라는, 전쟁 피해국 이데올로기를 일본 사회 그리고 전 세계에 확대재생산하여 왔습니다.

원폭이 떨어지기 전 일본 제국주의가 일으킨 침략 전쟁과 불법적인 식민지 수탈 정책으로 조선에서는 800여만 명이 징병, 징용, 납치 등으로 일본군의 '위안부'와 히로시마, 나가사키, 홋카이도 등에서 12시간 이상의 혹독한 강제 노동에 시달리며 임금 착취와 비인간적인 대우를 받았습니다. 두고 온 고향 산천과 부모님, 자식, 아내 등을 가슴 가득히 그리워하며 전쟁에 쓰일 석탄과 무기를 만들며 죽어 간 수많은 조선인들. 그리고 살아남은 사람들은 그 혹독했던 노동에 대해, 인간 이하의 강요당한 노동에 대해 평생을 몸서리치며 살아가고 있습니다.

한국, 중국을 비롯한 동아시아 시민들은 일본 제국주의의 광기(狂

氣) 어린 침략 전쟁에 동원되어 수많은 사람들이 무고한 희생을 당하였습니다. 그리고 히로시마와 나가사키에서 70여만 명의 시민들이 원자폭탄에 피폭당하였습니다. 59년이 흘렀지만 그 아픔은 한국 원폭 2세 환우들에게도 고스란히 남아 우리의 몸과 마음을 지배하고 있습니다. 그 광기의 역사가 아직도 한국 원폭 2세 환우들에게 대물림되고 있습니다.

고이즈미 준이치로 일본 총리는 취임 후 야스쿠니 신사 참배를 계속 강행하고 있습니다.

야스쿠니 신사는 일본 제국주의의 침략 전쟁 때 희생된 전몰자와 침략 전쟁을 일으킨 A급 전범 등이 합사되어 있습니다. 고이즈미 총리는 취임 후 지금까지 네 번이나 신사를 참배하면서 "어려울 때 가미카제(神風) 대원들을 생각한다"라는 말로 신사 참배를 정당화하였으며 일본 우익과 자민당 내 지지 기반을 공고히 하였습니다. 그리고 일본 국회와 일본 사회는 '헌법 9조'를 위반하면서까지 자위대를 이라크에 파병하였습니다. 또한 작년 11월 일본 중의원선거에서 당선된 의원들 중 다수의 의원들이 일본의 전후 헌법이라고 하는 '평화헌법'을 개정할 필요가 있다고 답한 여론조사 결과가 발표된 적이 있었습니다. 일본 사회의 보수 우경화와 군사대국주의는 한국과 중국 등 일본 제국주의에 침략을 당했던 국가와 사회에 정치적·사회적 부담을 넘어 위협을 줄 정도가 되었습니다.

일본 정부와 일본 사회는 오직 59년 동안 유일한 원폭 피해국이라는 전쟁 피해국 이데올로기를 앞세워 일본 제국주의에 피해를 입은 한국 원폭 피해자와 일본군 '위안부' 피해자 할머니 등에 대한 어떠한 공식 사죄와 보상을 외면하면서 일제강점기 피해자들의 인권을 유린한 역사만 가지고 있습니다.

'홀로코스트'라는 유대인 대학살을 자행한 과거 독일 나치 제국주의에 피해를 입은 유대인과 주변 국가의 피해자들에게 독일 정부는 전후 사죄와 보상을 하였습니다. 독일의 전 총리였던 빌리브란트는 "역사에 눈감는 자 미래를 볼 수 없다"라고 하여 독일 정부와 독일 사회의 전후 보상 문제와 과거사 청산을 위해서 많은 노력들을 해 왔습니다. 독일 정부는 지난 1962년 이스라엘과 배상협정을 맺고 250억 마르크를 국가에 대한 배상금으로 지급하고 나치 피해자와 유가족들에게 150억 마르크를 지급하는 등 각종 배상에 지금까지 2,000억 마르크를 지출하였습니다. 그리고 1980년대 후반부터 강제 노역자에 대한 배상을 주장해 온 사민당과 녹색당이 1998년 정권을 잡은 후 슈뢰더 정부는 강제 노역자에 대한 배상기금 1,000억 마르크를 조성하는 법안을 만들었습니다. 강제 노역의 책임이 국가뿐만 아니라 기업들에도 있다는 점에서 기금의 절반을 기업들이 부담하도록 하였고, 도이치 방크, 알리안츠, 다이믈러크라이슬러-벤츠, 지멘스, 바이어 등 6,500여 개 기업이 이른바 연대펀드(Solidarity Fund)를 만들어 500억 마르크 기금을 조성하였습니다.

이처럼 독일 정부와 독일 사회는 나치 정권 아래에서 피해를 입은 유대인과 주변국 피해자들에게 사죄와 전후 보상에 노력하였고 독일 사회에도 나치 정권의 전쟁 범죄를 끊임없이 '기억'시키고자 노력하였습니다. 독일 전역에 전쟁 포로수용소, 유대인 희생 자료관 등 모두 100여 개 지역에 나치 범죄와 관련된 장소를 유지, 복원해 과거사에 대한 기억과 후세들을 위한 교육 장소로 사용하고 있습니다.

일제강점기 일본 제국주의의 식민지 수탈 정책으로 합천과 합천 농민들의 처절했던 삶들과 그 속에서 생존을 위해 일본 히로시마로 도일할 수밖에 없었던 필연의 역사를 올바르게 진상 규명해야 할 것입니다.

조선총독부의 식민지 수탈 정책인 일본인의 식량 확보를 위한 쌀 증산 정책, 즉 조선의 농업 전체를 미곡 단작형 농업 정책과 조선을 일본의 방적·제사 자본의 안정된 원료 공급지로 만들기 위한 육지 목화 재배와 양잠업의 강제 보급 정책을 실시하면서 식민지 지배가 가속화될수록 합천 농민들의 삶은 점점 피폐해져 갔습니다. 1930년 대 일본 제국주의의 만주 침략 이후 전쟁 물자에 대한 수요가 급증 하면서 합천 농민들의 삶은 더욱더 어려워져 많은 합천 농민들이 이 농의 괴로움을 겪었으며, 당시 일본 정부와 조선총독부의 도항 제한 정책에도 불구하고 생존을 위해 일자리를 찾아 도일하지 않을 수 없 었습니다. 합천 농민들 중에는 보릿고개를 넘을 수 없게 되어 '유리 걸식하는 무리', '이촌재민'이 속출하여 전체 합천군 인구의 7할 이 상이 '초근목피로 연명'하는 상태에 놓이게 되며, 1930년, 1932년, 1935년, 1940년은 일본 히로시마로 건너간 도일자 수가 급증한 해 로서 합천에 큰 홍수나 극심한 가뭄이 있었던 다음 해에 '생활고'를 해결하기 위해 고향 산천을 떠나 일본으로 떠나지 않을 수 없게 되었습니다. 일본 제국주의의 침략 전쟁으로 식민지 수탈 정책이 가속화되면서 생활고에 의한 생존권 위협이 합천 농민들에게 확산되어 갔습니다.

광기 어린 일본 제국주의의 침략 전쟁은 1945년 8월, 히로시마와 나가사키에 두 발의 원자폭탄이 투하되어 70여만 명의 엄청난 대량 살상을 내면서 종식되었습니다. 전체 원폭 피해자 중 한국인 원폭 피해자는 7만여 명으로 추정되고 있습니다. 생지옥에서 살아남은 합천 출신을 비롯한 대부분의 한국인들은 일본인들의 차별과 생명의 위협을 받으며 1945년까지 고향으로 병든 몸을 이끌고 돌아가야 했습니다.

원폭에 피폭당한 피해자는, 거의 일생에 걸쳐 방사능 피해를 주는 '지속성', 피해자의 건강·생활·정신에 걸쳐 종합적으로 피해를 주는 '종합성' 등 재래식 무기의 피해와는 다른 특징을 가지며, 평생을 미증유의 원폭 후유증으로 인간의 삶 자체가 피폐해집니다. 이와 같이 원폭 후유증은 한국 원폭 피해자들에게도 나타나 평생을 병마와 가난 속에서 건강권과 생존권을 위협받으며 살아가야 했습니다. 지난 59년 동안 일본 정부는 차별적인 '피폭자원호법'으로 자국의 원폭 피해자만 법적 보호하여 한국 원폭 피해자들에게 원성의 대상이 되었습니다. 그리고 한국 정부 역시 한국 원폭 피해자들에 대한 법적인 보호를 외면하여 왔습니다.

2005년은 '해방 60주년'과 '원폭 60주년'이라는 상반된 역사 인식을 가지고 한국 사회와 일본 사회는 마주 보게 될 것입니다. 그러나

"역사에 눈감는 자 미래를 볼 수 없다"는 독일 전 수상의 말처럼 올바른 역사 인식은 국가와 민족의 경계를 넘어서는 인류 보편적인 화두이며 정의(正義)입니다. 독일의 나치 정권에 지배를 받았던 프랑스는 전후 나치 정권하에서 행해졌던 모든 악행에 대해 시공간적인 시효를 두지 않고 역사의 이름으로 과거를 극복하였습니다. 그리고 지금도 나치의 부역자들을 찾아 역사의 법정에 세워 정의를 실현시키고 있습니다.

지난 60년 동안 일본 정부와 일본 사회는 '유일한 원폭 피해국'을 앞세워 허구적인 평화주의를 확대재생산하여 왔습니다. '유일한 원폭 피해국'이라는 의미 속에는 전체 원폭 피해자 70여만 명 중 10퍼센트를 차지하는 7만여 명의 한국 원폭 피해자들은 제외시키며 그들만의 허구적인 평화를 주장하여 왔습니다. 그들은 일본 제국주의의 침략 전쟁을 일으켜 조선 전역을 병참기지화로 만들어 식량, 사람 등을 공출하면서, 800여만 명의 조선인들을 강제 징용, 징병, 일본군 '위안부' 등으로 오직 전쟁을 위해 아무런 의미 없이 수많은 생명들을 희생시켰습니다. 수많은 동아시아 시민들의 생명을 앗아가 버린 전범들인 히로히토 일왕과 도조 히데키를 비롯한 군국주의자들에 대한 정당한 법적인 책임을 묻지 않은 채, 일본 정부는 히로히토 일왕을 패전 전과 후를 법적으로 단절하지 않고 '상징 일왕'이라는 이름으로 지금까지 존치시켜 왔습니다. 또한 태평양전쟁의 A급 전범 14명이 군신(軍神)으로 있는 야스쿠니 신사를 일본 총리를 비롯한 일본 지도자들이 스스럼없이 참배하여 일본 사회에 보수 우경화와 군사대국화를 조장하였으며 한국, 중국 등 주변 국가들에게도 반발을 일으키고 있습니다.

이와 같이 '유일한 원폭 피해국'이라는 허구적인 일본의 평화주의를 극복하기 위해서는, 그리고 일본 정부와 일본 사회의 보수 우경화와 군사대국화를 극복하기 위해서는 일제강점기 식민지 수탈 정책으로 합천과 합천 농민들이 일본 히로시마로 가지 않을 수 없었던 필연의 역사를 규명하여 올바른 역사적 자리매김이 반드시 필요하며, 그러기 위해서는 한국 사회 일반에 한국의 히로시마라고 불리는 '합천'을 다시 인식해야 할 것입니다. 3대 삼보사찰의 하나인 해인사가 있는 곳보다는, 한 나라의 대통령(전두환)이 태어난 곳보다는, 일제 36년의 기나긴 식민지 수탈 정책으로 생존의 몸부림을 위해 일본 히로시마로 갈 수밖에 없었던, 그리고 처참하게 원자폭탄에 피폭당하여 평생을 '원폭 후유증'이라는 미증유의 병마 속에 빈곤과 사회적 소외의 악순환을 겪으며 지난 59년 동안 일본 정부, 미국 정부, 한국 정부로부터 아무런 법적인 보호 없이 인간답게 살아가지 못했던, 인권이 유린된 역사로서 재인식되어야 할 것입니다.

또한 전국의 2,300여 명의 원폭 후유증을 앓고 있는 한국 원폭 2세 환우들이 평생을 병마에 시달리며 죽음보다 더한 고통스러운 삶을 살아갈 수밖에 없는, 해방 후 세대로서 일본 제국주의의 침략 전쟁 때문에 지금 이 순간까지도 그 광기의 역사가 한국 원폭 2세 환우들의 몸과 마음을 관통하고 있는 현실을 인식해야 할 것입니다.

일본 정부와 일본 사회의 원폭(전후) 60주년에 대한 올바른 역사

적 자리매김을 위해서 한국의 히로시마, '합천'에 대한 기억을 다시
해야 할 것입니다.

한국원폭2세환우회
대표 김형률

복지부는 원폭 피해자
2세 생존권을 보장하라

2005년 3월 27일 《한겨레신문》 〈왜냐면〉에 실린 칼럼

2005년 5월 2일 카페에 쓴 글

국가인권위원회는 원폭 피해자 2세 실태 조사 공식 발표에 따른 대책을 복지부가 수립해 줄 것을 기대하고 있고, 복지부는 인권위에서 빨리 '정책권고안'이 제출되기를 기다리고 있다. 두 국가기관에서 무책임하게 문제를 서로 떠넘기고 있는 사이 원폭 피해자와 2세들은 죽음보다 더한 고통의 삶을 강요당하고 있다.

지난 2월 14일 국가인권위원회는 '원폭 피해자 2세의 기초 현황 및 건강 실태 조사'를 공식 발표하였다. 60년 만에 국가기관으로서는 처음이다. 국가인권위원회 발표를 보면, 원폭 피해 2세들의 빈혈, 심근경색, 암 등이 일반인보다 몇십 배나 높았으며, 2세 사망자 가운데 10세 미만 사망률이 52퍼센트이며 그중 60퍼센트가 원인을 알 수 없는 것으로 밝혀졌다.

이 조사가 발표된 지 한 달이 넘었다. 그리고 국가인권위원회는 공식 발표에 따른 '정책권고안'을 보건복지부에 제출하지 않고 있다. 앞

으로 추가 조사와 공청회 등 '정책권고안'이 나오기까지 최소한 1년 이상의 시간이 필요하다고 한다. 아무런 대책 없이 다시 1년 이상을 기다려야 하는데 시급한 '의료 원호'가 필요한 원폭 피해자와 2세 환우들에게는 또 다른 피해의식만 가중시키는 것이 될 것이다.

원폭 피해자 정책을 직접 관장하는 보건복지부에서는 아직까지 국가인권위원회의 공식 발표에 대한 정부 차원의 대책들을 내놓지 않고 있으며 가시적인 노력조차 하지 않고 있다. 복지부에서는 국가인권위원회에서 빨리 '정책권고안'이 제출되기를 기다리고 있고, 인권위원회에서는 공식 발표에 따른 대책을 복지부가 수립해 줄 것을 기대하고 있다. 두 국가기관에서 무책임하게 문제를 서로 떠넘기고 있는 사이 죽음보다 더한 고통의 삶을 강요당하고 있는 원폭 피해자와 2세들은 하루속히 '의료 원호' 대책들이 수립되어야 한다고 한목소리로 말하고 있다.

지난 1월 20일 정부는 '한국인 원폭 피해자 구호 1974'라는 정부 공식 문서를 공개하였다.

이 문서에서 1974년 당시 보건사회부(보건복지부 전신)는 다음과 같은 한국 원폭 피해자 1세, 2세들에 대한 정부 방침을 표명하고 있었다. "원폭 피해자의 병상은 특수하여 외상뿐만 아니라 외부에 노출되지 않는 여러 가지 병발증을 포함하고 있어 특수 치료가 필요하며, 이 병은 유전성이 있어 피폭자들의 후손에 대한 건강관리도 크게 우려되고 있다." 그리고 피해자들에 대한 치료와 재활을 위해 400병상 규모의 국립원폭전문병원을 설립할 계획을 세우고 있었다.

이처럼 한국 정부는 이미 원폭 피해자 1세, 2세들이 후유증으로 생존권과 생명권까지 위협받고 있는 심각한 상황을 인식하고 있었으며, 정부 차원의 '의료 원호'를 실시하겠다는 생각을 가지고 있었다.

그러나 이후 정부는 원폭전문병원을 설립하지 않았으며, 원폭 피해자들에 대한 아무런 법적인 보호를 하지 않고 60년 동안 인권의 사각지대에 방치한 채 다양한 후유증과 빈곤으로 인권이 유린된 삶을 살아가도록 '강요'하여 왔다. 이것은 인간다운 삶을 보장하도록 규정한 헌법 정신을 외면한 국가의 직무 유기다. 더 나아가 질병으로 인한 빈곤의 악순환과 소외를 방치한 국가권력의 폭력이며 인권 침해라고 할 수 있을 것이다.

보건복지부는 다양한 질병과 장애로 시급한 '의료 원호'가 필요한 2세 환우들에 대한 '선지원 후규명' 방침으로 최소한의 생존권을 법적으로 보호해야 할 것이다. 원폭 2세 환우들에게 더는 참혹한 삶을 강요해서는 안 될 것이다.

한국원폭2세환우회
대표 김형률

김형률 생애와 연보

아버지 김봉대 님과 김형률 님.

1970년
7월 28일
부산에서 일란성 쌍둥이로 태어납니다. 쌍둥이 동생 김명기는 태어난 지 1년 6개월 만에 폐렴으로 세상을 떠납니다.

1989년
잦은 폐렴 때문에 병원에 입원하면서 장기 결석으로 고등학교 2학년 퇴학을 하게 되고, 1989년 초겨울부터 부산 경성대학교 안에 있는 '새마음 야학'을 다니기 시작합니다.

1991년
고졸검정고시에 합격합니다.

1995년
한 해 동안 폐렴으로 세 번이나 병원에 입원합니다.

1997년
부산 동의공업전문대학(현 동의과학대학교) 전산과에 합격하여 1999년까지 다닙니다.

2000년
경상남도 창원시에 있는 벤처 회사에서 5개월 동안 월급 없이 근무하였습니다. 몸이 안 좋아 회사를 그만두고, 얼마 뒤 부산시에 있는 홈페이지 제작 회사에 두 달 동안 근무하다 몸 상태가 다시 안 좋아지면서 그만둡니다.

2001년
5월 말
급성 폐렴으로 부산 침례병원 응급실에 실려 가 입원합니다. 이때부터 자신이 원폭 2세라는 사실에 눈을 뜨고 세상을 바라보게 됩니다.

6월 14일
일본 미쓰비시 중공업 부산 지사를 상대로 한 '미쓰비시 중공업 한국인 강제징용자 재판'을 참관하고, '미쓰비시 재판을 지원하는 시민모임' 관계자를 만나 도움을 요청합니다.

8월 20일
대구 '원폭 피해자와 함께하는 시민모임' 도움으로, 이때 방한한 일본 히로시마시에 있는 '한국 원폭 피해자를 구원하는 시민회' 관계자들을 만납니다.

10월 24일~29일
일본 히로시마에서 개최된 '반(反)원자력의 날' 행사에 초청되어 다녀옵니다.

2002년
2월 17일~23일
어머니 이곡지 님이 일본 히로시마에 가서 피폭자 건강수첩을 받아 옵니다.

야학을 다니던 시절.

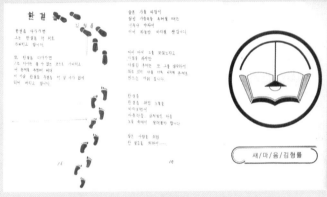

새마음 야학 문집에 실린 김형률 님의 시 〈한 걸음〉.

병원에 입원 모습.

3월 22일

한국청년연합회 대구 지부 사무실에서 아버지 김봉대 님과 최봉태 변호사와 여러 시민단체 관계자들과 기자회견을 열어 자신이 원폭 후유증을 앓고 있는 원자폭탄 피해자 2세임을 공개적으로 밝힙니다.

5월 23일~31일

8박 9일 일정으로 일본 히로시마시를 방문하여, 히로시마 원폭건강센터에서 원폭 2세 자격으로 건강검진을 받습니다. 함께 동행한 대구 MBC 허시덕 PD가 인터뷰와 취재를 합니다.

8월 6일

한국원폭2세환우회 인터넷 카페를 만듭니다.

8월 15일

《시사저널》의 8·15 특집기사 〈원폭 피해 2, 3세 커밍아웃〉에서 김형률을 처음으로 집중 조명합니다.

8월 23일

대구에서 열린 전교조 대구 지부와 일본 히로시마 현교조의 역사교류회에 참석하여 한국 원폭 2세 환우 문제에 대해 호소합니다. 이때 박광주 부산대학교 교수, 아오야기 준이치, 조석현 선생님들과 '피폭 2세 김형률을 지원하는 모임' 결성에 뜻을 모읍니다.

9월 14일

대구에서 열린 '한국원폭피폭2세회 총회'에서 '피폭으로 인한 2세의 건강 영향 실태 조사'를 발표합니다.

10월 17일~11월 29일

기관지 확장증으로 심한 객혈을 일으켜 부산대학교병원에서 '기관지 동맥 색전술'을 받습니다.

12월 22일

부산에서 아오야기 준이치, 조석현 선생님을 중심으로 '한국원폭2세환우회를 지원하는 모임'을 결성합니다.

2003년

3월 17일

폐렴이 재발하여 부산대학교병원에 입원하고, 응급실에서 항생제 쇼크로 의식을 잃습니다.

6월 3일

국가인권위원회의 인권센터를 방문하여 인권 상담자와 위원회에 진정서 접수 방법과 진정 요건을 논의합니다.

7월 26일

폐렴으로 부산대학교병원에 입원하면서 부산 '한일원폭피폭2세회 심포지엄'에 불참하게 되고, 원폭 공대위는 공대위 2차 회의를 엽니다.

한국청년연합회 대구 지부에서 기자회견하는 김형률 님.

'한국원폭2세환우회' 온라인 카페 개설 게시판 글 중에서.

국가인권위원회에 진정서를 제출하고 기자회견하는 김형률 님.

12월 15일

심한 객혈로 부산대학교병원에서 다시 '기관지 동맥 색전술'을 받습니다.

2004년

5월 20일

3박 4일 일정으로 '일본의 과거 청산을 요구하는 국제연대협의회 서울대회'에 참가합니다.

6월 28일

보건복지부 질병정책과를 방문하지만, 한국원폭2세환우회를 인정하지 않아, '한국원폭2세환우회 요망서'를 개인 민원으로 접수합니다.

9월 1일

한국원폭피해자협회 합천 지부 사무실 앞 임시 공간에서 한국원폭2세환우회 첫 공식 모임을 엽니다.

10월 8일

참여연대 강당에서 평화박물관 주최로 '한국 원폭 2세의 인권과 평화를 위한 증언' 제목으로 강연을 합니다.

10월 29일

보건복지부 김근태 장관 앞으로 '생존권과 생명권의 법적 보장 요망서'를 보냅니다.

2005년

2월 17일

'나눔의 집'에서 '한국 원폭 2세 환우의 인권과 평화를 위한 증언' 제목으로 강연을 합니다.

4월 11일

경기도 군포시의 아파트에 머물면서 서울에서 본격적인 활동을 시작합니다.

4월 12일

서울시 종로구 한국기독교연합회관 1308호실에서, '원폭 피해자 진상 규명과 지원 대책 촉구 및 특별법 제정을 위한 국회 의견 청원 기자회견'을 하고, 국회를 방문하여 '한국 원자폭탄 피해자와 원자폭탄 2세 환우의 진상 규명 및 인권과 명예 회복을 위한 특별법 제정' 청원서를 제출합니다.

5월 18일

국회도서관에서 열린 '원자폭탄 피해자 문제해결을 위한 입법 방향' 공청회에 한국원폭2세환우회 대표 자격으로 초청됩니다.

5월 20일~24일

일본 도쿄에서 열린 '일본의 과거 청산을 요구하는 국제연대협의회' 심포지엄에 참석합니다.

한국원폭2세환우회 첫 모임.

방송사와 인터뷰하는 김형률 님.

일본 도쿄에서 열린 국제 심포지엄에 참석한 김형률 님.

5월 29일
오전 9시 5분경 부산시 동구 수정4동 수정아파트에서 숨을 거둡니다.

5월 31일
장례를 치르고, 부산시 영락공원 제2영안실에 봉안됩니다.

7월 15일
고 김형률 님의 49재가 오전에 부산 범어사 보제루에서, 오후에는 추모제가 서울 광화문 교보문고 앞에서 열립니다.

2006년   **5월 24일**
한국원폭2세피해자 김형률추모사업회가 발족합니다.

5월 28일
제1주기 추모제가 부산 민주공원기념관 소극장에서 열립니다.

2018년 부산민주공원에서 열린 13주기 추모제와 김형률 님을 기념하여 심은 소나무.

일본 원폭 3세 이노우에 리에 작가가 전시 준비를 하는 모습. 옆에는 어머니 이곡지 님.

전시한 방의 모습.

2020년 5월에 합천 공설봉안담에 모신 김형률 님의 납골묘.

합천원폭자료관에 있는 김형률 님의 묘비.

도움 받은 책과 영상

정희상, 《대한민국의 함정》 (은행나무, 2005)

전진성, 《삶은 계속되어야 한다》 (휴머니스트, 2008)

김곰치, 《지하철을 탄 개미》 (산지니, 2011)

김형률·아오야기 준이치, 《나는 반핵 인권에 목숨을 걸었다》 (행복한 책읽기, 2015)

다큐멘터리 영화 〈리틀보이 12725〉, 김지곤 감독, 2018

김형률 관련 일간지와 잡지 기사와 인터넷 기사들 참조

* 연보에 수록한 사진은 한국원폭2세환우회 카페와 출판사에서 직접 찍은 사진
  자료입니다.

반핵 인권운동가, 영원한 청년 원폭 피해자 2세 김형률의 삶

김형률

초판 1쇄 펴낸 날 | 2021년 3월 12일
초판 2쇄 펴낸 날 | 2021년 12월 12일

글쓴이 | 김옥숙 **그린이** | 정지혜
펴낸이 | 권인수 **펴낸 곳** | 도토리숲 **출판등록** | 2012년 1월 25일(제313-2012-151호)

주소 | (우)03940 서울시 마포구 월드컵북로 207, 302호(성산동, 157-3)
전화 | 070-8879-5026 **팩스** | 02-337-5026 **이메일** | dotoribook@naver.com
블로그 | https://blog.naver.com/dotoribook
기획편집 권병재 | **디자인** 김은란 | **교정** 김미영

ⓒ 김옥숙 2021, ⓒ 정지혜 2021

ISBN 979-11-85934-59-0 03990

글_ **김옥숙**

1968년 경상남도 합천에서 태어났습니다. 2003년 대구 《매일신문》 신춘문예에 시 〈낙타〉가 당선되고, 같은 해 제12회 전태일문학상에 소설 〈너의 이름은 희망이다〉가 당선되어 작품 활동을 시작했습니다. 지은 책으로 《희망라면 세 봉지》, 장편소설 《식당사장 장만호》, 《서울대 나라의 헬리콥터 맘마순영 씨》, 《흉터의 꽃》이 있습니다. 2020년 10월에 첫 시집 《새의 식사》를 냈습니다.

그림_ **정지혜**

서울에서 태어나 자랐고, 대학에서 만화예술을 공부했습니다. 그림책을 만들면서 그림으로 아이들과 소통하는 다양한 방법을 찾고 있습니다. 그린 책으로는 《호프가 여기에 있었다》, 《일 층 친구들》, 《혼자되었을 때 보이는 것》, 《생각한다는 것》, 《탐구한다는 것》, 《구스범스 호러특급 시리즈》, 《몬스터 바이러스 도시》, 《보이지 않는 적》, 《룰레트》, 《연보랏빛 양산이 날아오를 때》 들이 있습니다.